中学入試 まんが攻略BON!

国語

慣用句・ことわざ

Gakken

もくじ

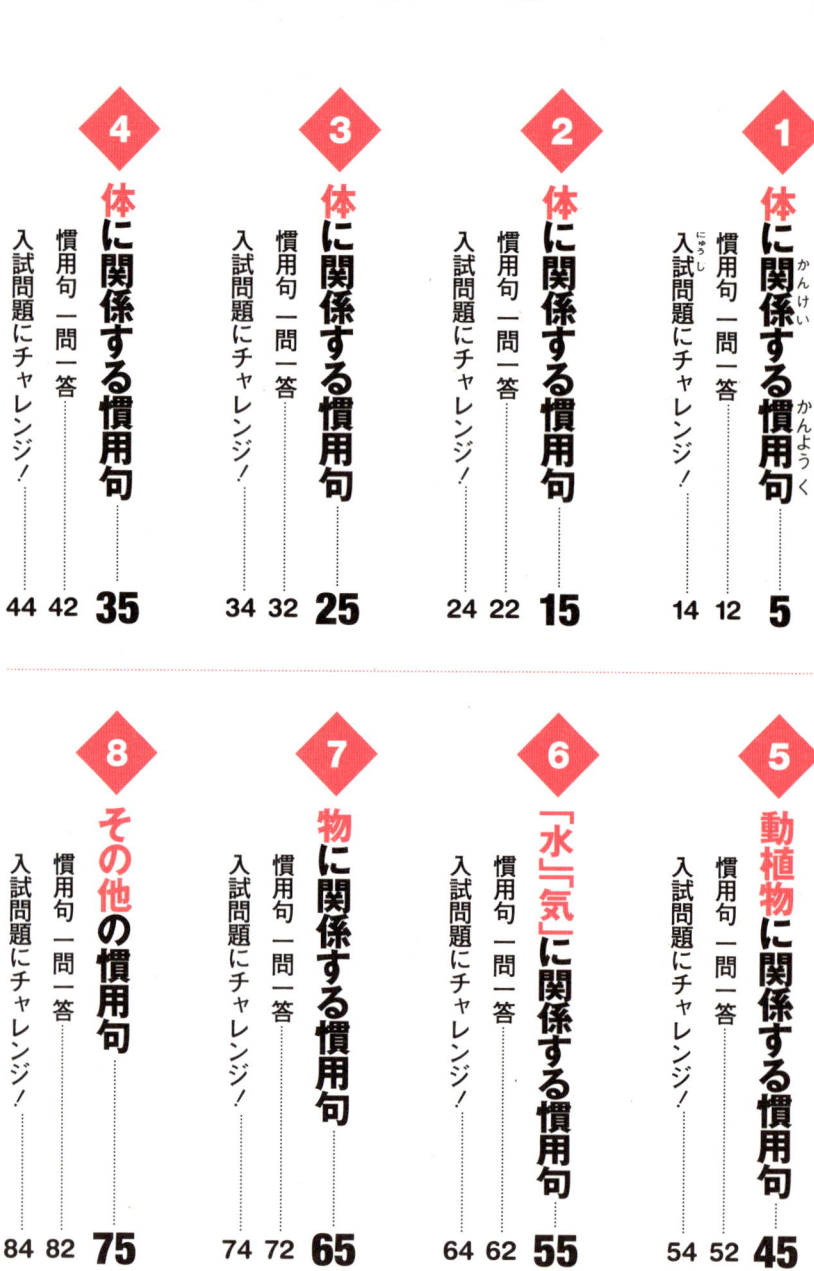

慣用句・ことわざ

この本の効果的《こうかてき》な使い方

この本は，入試《にゅうし》によく出る慣用句《かんようく》・ことわざの意味や使い方が，まんがを通してわかりやすく理解《りかい》できるようにくふうされています。また，慣用句・ことわざを「体に関係《かんけい》する慣用句」「動物に関係することわざ」のように仲間《なかま》ごとにまとめてあるので，同じ仲間の慣用句・ことわざを効率《こうりつ》よく覚《おぼ》えることができます。

学習の流れ

1 まんがで慣用句・ことわざの意味や使い方がわかる

↓

まんがを楽しく読みながら，慣用句・ことわざの意味や使い方が自然《しぜん》に覚えられます。「慣用句・ことわざスピードチェック」や「マメ知識《ちしき》」で，さらに理解を深めていきましょう。

また，まんがの後の「入試に出る！」では，同じ仲間の慣用句・ことわざをまとめて覚えることができます。

※意味の類似《るいじ》することわざは，類 で示《しめ》してあります。

2 慣用句・ことわざの理解を「一問一答」でらくらくチェック

↓

まんがや「入試に出る！」で学んだ慣用句・ことわざを正しく覚えられたか，一問一答形式の問題で簡単《かんたん》に確《たし》かめることができます。

3 「入試問題にチャレンジ！」

↓

実際《じっさい》の中学入試問題に挑戦《ちょうせん》して，慣用句・ことわざに関《かん》する問題に慣《な》れましょう。

※入試問題は，編集上《へんしゅうじょう》の都合により，解答《かいとう》形式や問題の一部を改《あらた》めたり省略《しょうりゃく》したりしたところがあります。

1 体に関《かん》係《けい》する慣《かん》用《よう》句《く》

耳《みみ》をすます

首《くび》が回《まわ》らない

耳《みみ》を貸《か》す

のどから手《て》が出《で》る

手《て》をこまねく

あれ？パソコンが止まっちゃったぞ。これはぼくの手《て》に負《お》えないや。
まんがを読んで体に関係《かんけい》する慣用句《かんようく》を覚《おぼ》えようね！

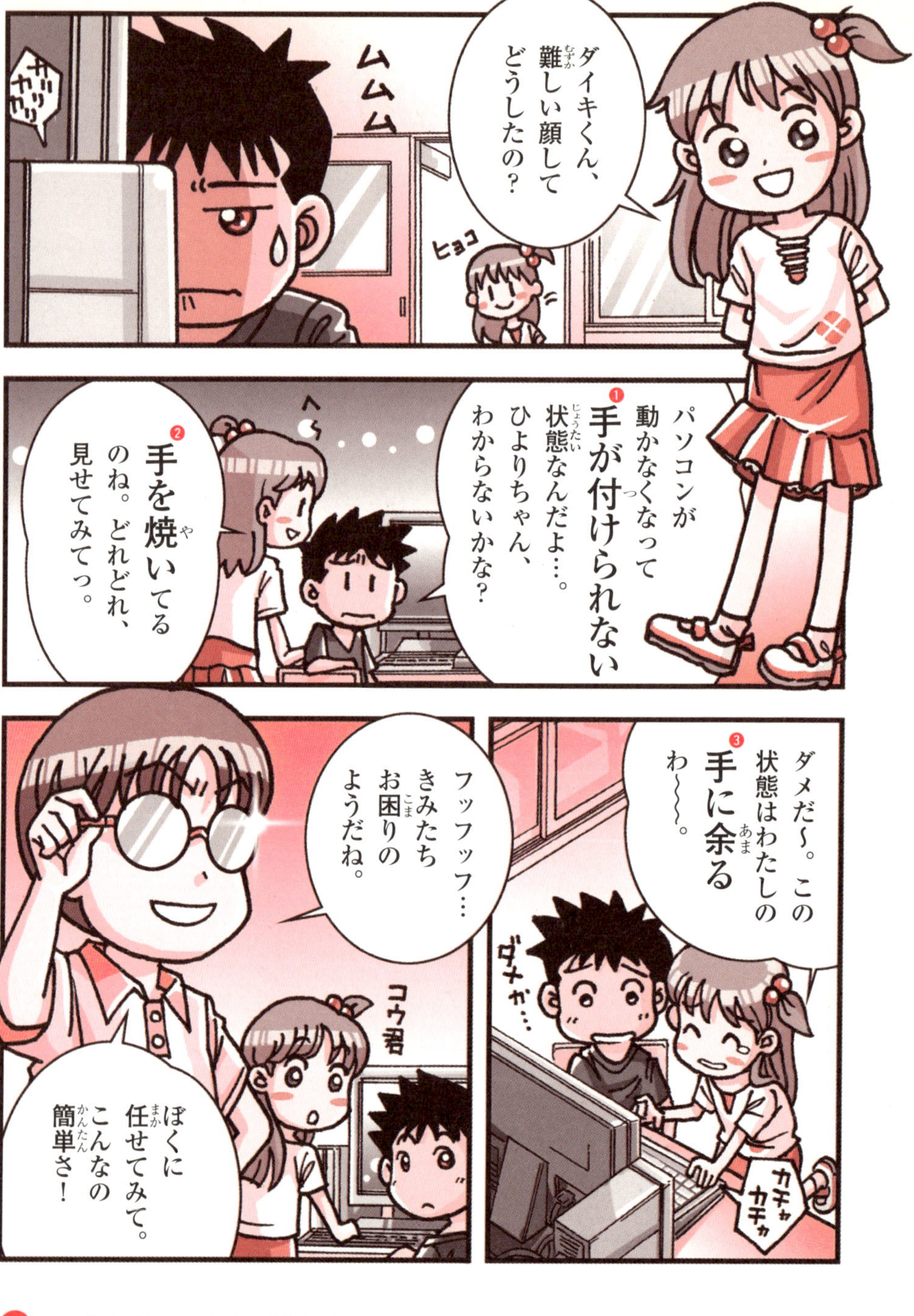
ダイキくん、難《むずか》しい顔してどうしたの？
ヒョコ
ムムム
カリカリカリ
パソコンが動かなくなって①手が付《つ》けられない状態《じょうたい》なんだよ…。ひよりちゃん、わからないかな？
へ～
②手を焼《や》いてるのね。どれどれ、見せてみてっ。
ダメだ～。この状態はわたしの③手に余《あま》るわ～～～。
ダメか…
カチャカチャ
フッフッフ…きみたちお困《こま》りのようだね。
コウ君
ぼくに任《まか》せてみて。こんなの簡単《かんたん》さ！

マメ知識
・「手に付かない」だと、「注意がほかのことに向いて、落ち着いて物事ができない」という意味。
・「手に余る」は、「手に負《お》えない」とも言う。

慣用句スピードチェック

① **手《て》が付《つ》けられない**

程度《ていど》がひどすぎて、どうすることもできない。

② **手《て》を焼《や》く**

始末《しまつ》に困る。持て余す。てこずる。

③ **手《て》に余《あま》る**

自分の力ではどうすることもできない。持て余す。

④ **首《くび》をつっこむ**

自分から進んでそのことに関《かん》係《けい》する。

⑤ **首《くび》をかしげる**

不思議《ふしぎ》に思ったりして、首を曲げて考えこむ。変《へん》だと思う。

マメ知識▶ 「首をかしげる」は、「小首《こくび》をかしげる」とも言う。「小首」は首のことで、首に関するちょっとした動作について言う言葉。

やほー♥
みんなが困《こま》ってるって[6]耳にはさんだから来てみたけど、どうかしたの？
さっすがケイちゃん、[7]耳が早いね。
ちょっと[8]手を貸《か》してくれないかな。
あ〜、ダメ。わたしパソコン苦手《にがて》だから。
何しに来たんだよ。
おまえが言うな、おまえが
[9]耳が痛《いた》いな。だけど動かなくて。何か知らない？
でもあなたたちパソコンクラブでしょ？これだけ集まってて何とかならないわけ？
こういう場合の解決法《かいけつほう》といえばやっぱり……

マメ知識

・「耳にはさむ」は、「小耳《こみみ》にはさむ」とも言う。
・「耳が早い」：物事を早く聞きつけることや、そういう人を、「早耳」と言う。

とりあえず
たたくべし！
たたくべし!!
そんなんで直るかーっ!!
えいっ
バキッ
あ、動いた。
Pi
うそっ!?
⑩
う〜〜ん。頭が下がりました。
エヘン
しゃくぜんとしない…

慣用句スピードチェック

⑥ **耳《みみ》にはさむ**
ちらりと聞く。聞くとはなしに聞く。

⑦ **耳《みみ》が早《はや》い**
物事やうわさなどを、すぐに聞きつける。

⑧ **手《て》を貸《か》す**
手伝《てつだ》う。

⑨ **耳《みみ》が痛《いた》い**
自分の悪いところや弱みを言われ、聞くのがつらい。

⑩ **頭《あたま》が下《さ》がる**
感心して、自然《しぜん》にうやまう気持ちになる。

マメ知識▶ ・「手を貸す」と意味が対《つい》になる言葉は「手を借《か》りる」。「手伝ってもらう」という意味。

入試に出る！

体に関係《かんけい》する

慣用句

手《て》に負《お》えない

自分の力だけではどうにもならない。

例文《れいぶん》 自分の手に負えないような問題が起こったら、だれかに相談しよう。

手《て》を打《う》つ

①予測《よそく》して必要《ひつよう》なことをする。

②話し合いなどをまとめる。

例文 台風に備《そな》えて、手を打っておく。

手《て》をこまねく

何もしないで、ただ成《な》り行《ゆ》きを見守る。「手をこまねく」とも言う。

例文 二人の言い争《あらそ》いを、手をこまねいて見ているしかなかった。

手《て》を付《つ》ける

ある事をし始める。使い始める。

例文 宿題がたまってしまい、どこから手を付けていいかわからない。

手《て》をにぎる

（仕事などを）力を合わせてする。仲直《なかなお》りをする。

例文 ライバルと手をにぎって、共《きょう》通《つう》の敵《てき》と戦《たたか》う。

手《て》を引《ひ》く

仕事などでかかわっていたことからはなれる。

例文 A《エー》社との取り引きから手を引くようにすすめる。

手《て》を広《ひろ》げる

よく出る

やっていることのはん囲《い》を大きくする。

例文

おじは、事業の手を広げて出《しゅっ》版業《ぱんぎょう》も始めることにした。

のどから手《て》が出《で》る

よく出る

非常《ひじょう》にほしくてたまらない。

例文

おこづかいをためて、のどから手が出るほどほしかったゲームをやっと買った。

耳《みみ》を疑《うたが》う

思いがけない話を聞いて信《しん》じられず、聞きまちがいかと思う。

例文

自分の絵が、コンクールで最優《さいゆう》秀賞《しゅうしょう》を取ったと聞いて耳を疑った。

耳《みみ》を貸《か》す

よく出る

人の相談に乗ったり、話を聞こうとしたりする。

例文

親友の相談に耳を貸す。

耳《みみ》をすます

小さな音まで聞き取るように、注意深く聞こうとする。

例文

山の中で、小鳥の声を聞こうと耳をすます。

耳《みみ》をそろえる

必要なお金を、全額《ぜんがく》用意する。

例文

姉に借《か》りたお金を、耳をそろえて返す。

首《くび》が回《まわ》らない

借金《しゃっきん》などが多くなり、やりくりがつかない。

例文

経営《けいえい》がうまくいかず、首が回らなくなって倒産《とうさん》する。

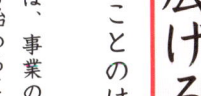

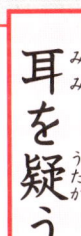

慣用句一問一答

▼答えはそれぞれのページの下

次の□に、体の一部を表す漢字一字を入れて慣用句《かんようく》を完成《かんせい》させなさい。また、その慣用句の意味を後のア～カから選《えら》び、（　）に記号で答えなさい。

❶ □が痛《いた》い……（　）

❷ □をつっこむ……（　）

❸ □に余《あま》る……（　）

❹ □にはさむ……（　）

❺ □が下がる……（　）

❻ のどから□が出る……（　）

ア　感心して、自然《しぜん》にうやまう気持ちになる。

イ　聞くとはなしに聞く。

ウ　興味《きょうみ》をもって、自分からそのことに関係《かんけい》する。

エ　非常《ひじょう》にほしくてたまらない。

オ　自分の欠点《けってん》や弱点を言われて、聞くのがつらい。

カ　自分の力ではどうにもできない。

答え　❶耳・オ　❷首・ウ　❸手・カ　❹耳・イ　❺頭・ア　❻手・エ

次の（　）の意味を表す慣用句になるように、□にあてはまる言葉を後のア～ケから選び、記号で答えなさい。

❶ 首が□（借金《しゃっきん》などが多くなり、やりくりがつかない。）

❷ 耳が□（うわさなどを、すぐに聞きつける。）

❸ 手を□（やっていることのはん囲《い》を大きくする。）

❹ 耳を□（必要《ひつよう》なお金を、全額《ぜんがく》用意する。）

❺ 手を□（何もしないで、ただ成《な》り行《ゆ》きを見守る。）

❻ 首を□（おかしいなあと、首をかたむけて考える。）

❼ 手が□（程度《ていど》がひどすぎて、どうすることもできない。）

❽ 耳を□（人の相談に乗ったり、話を聞こうとしたりする。）

ア　広げる　　イ　こまねく　　ウ　回らない
エ　貸《か》す　　オ　かしげる　　カ　そろえる
キ　疑《うたが》う　　ク　付《つ》けられない　　ケ　早い

答え　❶ウ　❷ケ　❸ア　❹カ　❺イ　❻オ　❼ク　❽エ

入試問題にチャレンジ！

▼答えはこのページの下

次の①～⑤の□に入る言葉を後のア～クから一つずつ選《えら》び、記号で答えなさい。
〈目黒学院中〉

① 手を□。（仕事などで関《かか》わるのをやめる）
② 手を□。（もてあます、扱《あつか》いに困《こま》る）
③ 手を□。（同盟《どうめい》を結《むす》ぶ）
④ 手を□。（必要《ひつよう》な手段《しゅだん》・方法《ほうほう》をとる）
⑤ 手を□。（物事をし始める）

ア つける　イ 入れる　ウ 引く
エ 握《にぎ》る　オ 広げる　カ 打つ
キ 焼《や》く　ク こまねく

答え ①ウ ②キ ③エ ④カ ⑤ア

2 体に関係《かんけい》する慣用句《かんようく》

鼻《はな》が高《たか》い

肩《かた》の荷《に》がおりる

目《め》が回《まわ》る

腹《はら》の虫《むし》がおさまらない

口車《くちぐるま》に乗《の》る

全国大会での
優勝《ゆうしょう》を目標《もくひょう》に
がんばるぞ！
腹《はら》を決《き》めて
ついてこい!!

コラー!!
もっと手をふって足を上げろー!!
気合《きあ》い入れろ！気合い!!
はぁー
もうダメだ〜〜
つかれて
❶目が回るよ〜〜
ぐるじ〜〜
フラフラ
こらー止まるな！
気合い入れてがんばれ！
青春は短いんだぞーっ!!
気合い気合いって
❷耳にたこができるわ。

マメ知識▶ ・「耳にたこができる」の「たこ」は、皮の一部がかたくなって盛《も》り上《あ》がったもののこと。手や足の、いつも使ってすれるところにできる。

大会が近づくとこの調子だもんな。
ホントよねー。
おまえらいつまで③油を売ってるんだ！
コーチ、練習厳《きび》しすぎですよ。
もうダメです！
何をあまえたこと言ってるんだ!!
おまえたちはもう少しがんばれば全国大会に④手が届《とど》くんだぞ!!
ゴオオオ
あちっ!!
コーチあついっ!!

慣用句スピードチェック

① **目《め》が回《まわ》る**
体のつり合いがとれなくなって、たおれそうになる。非《ひ》常《じょう》にいそがしいたとえにも使う。

② **耳《みみ》にたこができる**
同じことをくり返し何度も聞かされて、いやになる。

③* **油《あぶら》を売《う》る**
むだ話などをして、仕事や用事をなまける。

④ **手《て》が届《とど》く**
力がおよぶ。することができる。
参考 世話が行き届く。ある年《ねん》令《れい》や時期にもう少しで達《たっ》するという意味もある。

*は、体に関係《かんけい》する慣用句《かんようく》ではありません。

マメ知識▶ ・「油を売る」：江戸《えど》時代、油売りは油をますで量《はか》って売っていた。油を移《うつ》しかえるのには時間がかかり、その間に客と世間話をしたことから。

うっ でも わたし…
コーチの [5]口車に乗っ てがんばって きたけど、もうつかれ ました…
なっ
何を 言ってるんだっ
ガーン
何かコイツも ノリがコーチに 似《に》てきたな…
全国大会での 優勝《ゆうしょう》を想像《そうぞう》 してみろ! 人気者だ、 [6]肩《かた》で風を 切って校内を 歩けるぞ!
男子にも 女子にも モテモテだっ
ワー
キャー
ワー
…たっ 確《たし》かに…!
全国大会で 優勝したら [7]鼻が高い ですよねっ
コラッ
モテモテ…!!
ここでまた コーチに乗せ られてどう すんのよっ!!
ビシ
ビシ
ここはひとつ がんばってる ごほうびでも もらっ とかな いと…!
あ、ああ…

マメ知識 ・「口車に乗る」:「口車」は、言葉たくみに言うことを車にたとえた語。

コーチ、もうオレ腹《はら》が減《へ》って動けませぇん…
わたしも……
よし、終わったら好《す》きなものを食わしてやる。
やった〜約束《やくそく》ですよっ!!
お、おまえら元気じゃないかーっ! しまった、⑧口がすべった!
焼き肉!!
おスシー♥
ダッシュ!

慣用句スピードチェック

⑤ **口車《くちぐるま》に乗《の》る**

たくみな言い回しにだまされる。

⑥ **肩《かた》で風《かぜ》を切《き》る**

肩をそびやかして、得意《とくい》になって歩く。

⑦ **鼻《はな》が高《たか》い**

ほこらしく思う様子。得意である。鼻を高くする。

使い方 虫歯が一本もなくて表しょうされ、鼻が高い。

⑧ **口《くち》がすべる**

言ってはならないことを、うっかり言ってしまう。口をすべらす。

入試に出る！

体に関係《かんけい》する 慣用句

口《くち》がかたい

秘密《ひみつ》など、言ってはならないことは、決して人にしゃべらない。

例文 兄は**口がかたい**ので、安心して相談できる。

口《くち》が減《へ》らない

自分勝手なことをえんりょなく言う。

例文 自分が失敗《しっぱい》したのにへりくつばかり言って、**口が減らない**やつだ。

口《くち》をそろえる

多くの人がいっしょに同じことを言う。

例文 みんなが**口をそろえて**、あの歌手は歌がうまいと言う。

口《くち》を割《わ》る

よく出る

かくしていたことなどを言う。したことを告白《こくはく》する。

例文 容疑者《ようぎしゃ》が、犯行《はんこう》についてとうとう**口を割っ**た。

鼻《はな》にかける

よく出る

得意《とくい》げな様子でいばる。

例文 あのアイドルは、人気があることを**鼻にかけ**て、近ごろ態度《たいど》が大きい。

鼻《はな》につく

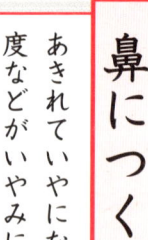

あきれていやになる。相手の態度などがいやみに感じられる。

例文 かれの話すことはいつも自まんばかりで、**鼻につく**。

鼻《はな》を折《お》る

相手の自まんする気持ちをこらしめる。

例文 試合《しあい》で勝ち、自信満々《じしんまんまん》だった相手の鼻を折る。

木《き》で鼻《はな》をくくる

よく出る

無愛想《ぶあいそう》で、そっけない態度をとる。冷《つめ》たくあしらう。

例文 あの店の人の木で鼻をくくったような態度は、評判《ひょうばん》が悪い。

肩《かた》の荷《に》がおりる

責任《せきにん》や義務《ぎむ》を果《は》たし、解放《かいほう》されてほっとする。

例文 運動会が無事《ぶじ》に終わり、体育委員長として肩の荷がおりた。

肩《かた》をもつ

よく出る

ある人の味方をして、ひいきする。

例文 昨日《きのう》のきょうだいげんかで、母が妹の肩をもったことは納得《なっとく》できない。

腹《はら》が黒《くろ》い

心の中に、よくない考えをもっている。

例文 あの社長は腹が黒いと、みんながうわさしている。

腹《はら》の虫《むし》がおさまらない

しゃくにさわってがまんできない。

例文 きちんとあやまってくれないなんて、このままでは腹の虫がおさまらない。

腹《はら》を決《き》める

よく出る

かくごを決める。

例文 サッカー部の練習は厳《きび》しいと聞いたが、腹を決めて入部することにした。

腹《はら》を割《わ》る

よく出る

かくさずに本心を打ち明ける。

例文 けんかをしてずっと口をきいていなかった友だちと、もう一度腹を割って話すことにした。

慣用句一問一答

▼答えはそれぞれのページの下

次の□に体の一部を表す漢字一字を入れて、（　）の意味を表す慣用句《かんようく》を完成《かんせい》させなさい。

❶ □で風を切る……（得意《とくい》そうに、堂々《どうどう》と歩く。）

❷ □を折る……（相手の自まんする気持ちをこらしめる。）

❸ □にたこができる……（同じことをくり返し聞かされて、いやになる。）

❹ □を決める……（かくごを決める。）

❺ □がすべる……（言ってはならないことを、ついうっかり言ってしまう。）

❻ □にかける……（得意げな様子でいばる。）

❼ □が届《とど》く……（力がおよぶ。することができる。）

❽ □を割《わ》る……（かくしていたことなどを言う。したことを告白《こくはく》する。）

❾ □の荷がおりる……（責任《せきにん》や義務《ぎむ》を果《は》たし、解放《かいほう》されてほっとする。）

❿ 木で□をくくる……（無愛想《ぶあいそう》で、そっけない態度《たいど》をとる。冷《つめ》たくあしらう。）

答え　❶肩　❷鼻　❸耳　❹腹　❺口　❻鼻　❼手　❽口　❾肩　❿鼻

次の（　）の意味を表す慣用句になるように、□にあてはまる言葉を後のア～ケから選《えら》び、記号で答えなさい。

❶ 口が□（自分勝手なことをえんりょなく言う。）

❷ 腹《はら》が□（心の中に、よくない考えをもっている。）

❸ 肩《かた》を□（ある人の味方をして、ひいきする。）

❹ 口を□（多くの人がいっしょに同じことを言う。）

❺ 鼻に□（あきれていやになる。相手の態度などがいやみに感じられる。）

❻ 口車に□（たくみな言葉にだまされる。）

❼ 腹を□（かくさずに本心を打ち明ける。）

❽ 口が□（秘密《ひみつ》など、言ってはならないことは、決して人にしゃべらない。）

ア　つく　　イ　もつ　　ウ　かたい
エ　減《へ》らない　　オ　そろえる　　カ　黒い
キ　割る　　ク　乗る　　ケ　決める

答え　❶エ　❷カ　❸イ　❹オ　❺ア　❻ク　❼キ　❽ウ

入試問題にチャレンジ！

▼答えはこのページの下

次の□に体の一部を表す漢字を入れ、完成《かんせい》した慣用句《かんようく》の意味を後のア〜オから選《えら》び、それぞれ記号で答えなさい。なお記号は一度しか使いません。

〈関東学院六浦中〉

①□に負えない……（　　）

②□を貸《か》す……（　　）

③□が高い……（　　）

④□を割《わ》る……（　　）

⑤□が回る……（　　）

ア　包《つつ》み隠《かく》さず真実を話す。

イ　めまいがするほどいそがしい。

ウ　自分の力ではとても処理《しょり》できない。

エ　人の話をきいてやる。

オ　とくいな様子である。

答え　①手・ウ　②耳・エ　③鼻・オ　④腹・ア　⑤目・イ

3 体に関《かん》係《けい》する慣《かん》用《よう》句《く》

腕《うで》をふるう

手《て》に汗《あせ》をにぎる

目《め》が高《たか》い

目《め》から鼻《はな》へぬける

顔《かお》から火《ひ》が出《で》る

腕《うで》をみがき、今度の試合《しあい》は必《かなら》ず勝つ！

カーン
①人目をしのんでの早朝げいこか。感心だな。
先生！
明日の試合《しあい》のことを考えると②腕《うで》が鳴ります。
今度の試合には我《わ》が道場《どうじょう》の威信《いしん》がかかっている。
③腹《はら》をすえてかかることだ。
ドーン
ドーン
ドーン

マメ知識 ・「腹がすわる」だと、「落ち着いていて、少しのことではおどろかない」という意味。

おまえと戦《たたか》う今日という日を心待ちにしていたぞ!!
フン!
おまえにわしはたおせん!!
④鼻であしらっていられるのも今のうちだ!!
勝負!!
ザザザ……
ヤーッ

慣用句スピードチェック

❶ 人目《ひとめ》をしのぶ

人に見られないように気をつける。人目をさける。

使い方 人目をしのんで努力《どりょく》を重ねる。

❷ 腕《うで》が鳴《な》る

自分の能力《のうりょく》や腕前を表そうと張《は》り切《き》る。

❸ 腹《はら》をすえる

かくごを決める。

❹ 鼻《はな》であしらう

相手を軽く見て、いいかげんにあつかう。鼻の先であしらう。鼻先であしらう。

マメ知識 ・「鼻であしらう」:「あしらう」だけでも、「取りあつかう」という意味のほかに「いいかげんにあつかう」という意味がある。

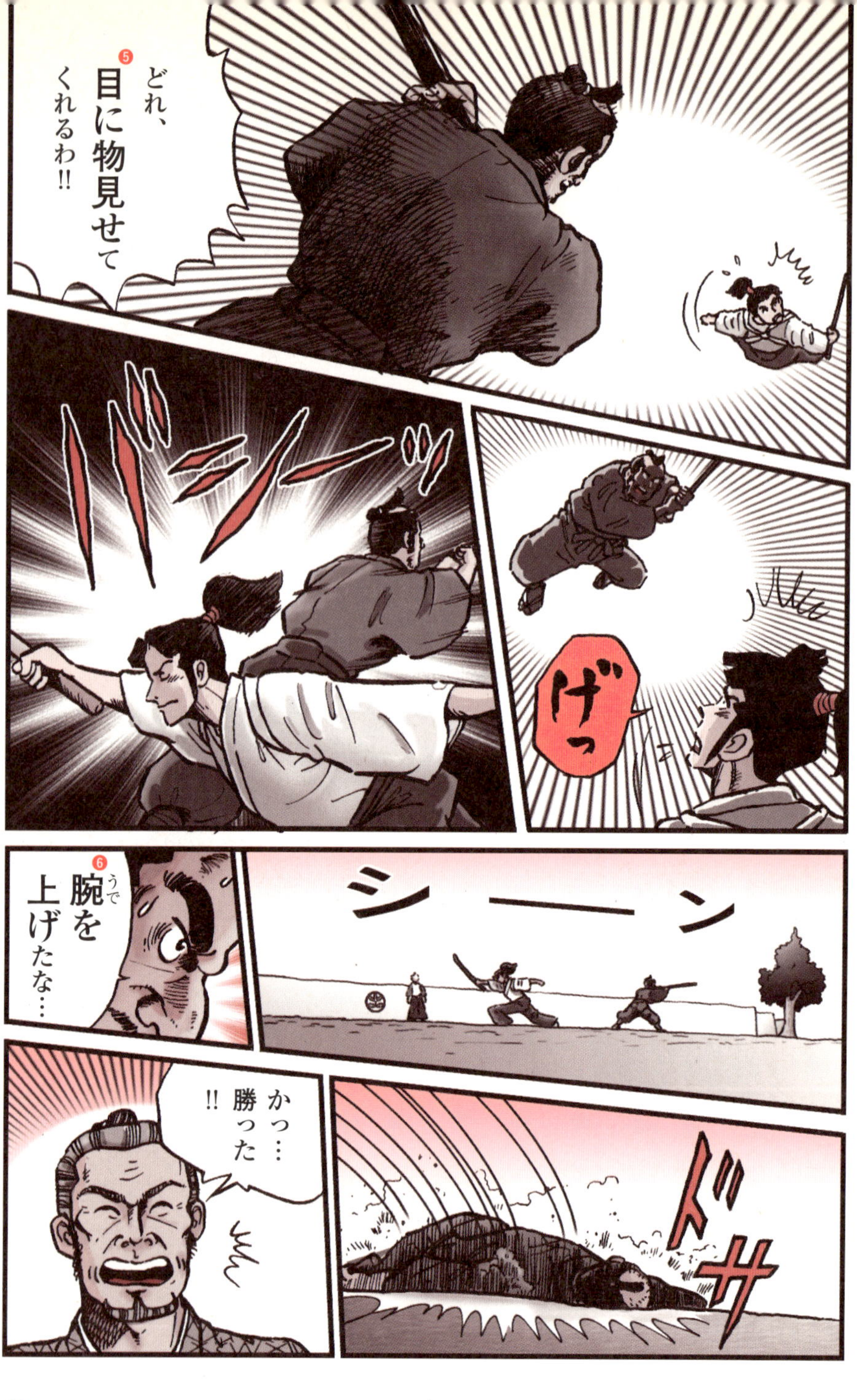
⑤どれ、目に物見せてくれるわ!!
バシーッ
げっ
シーーン
⑥腕《うで》を上げたな…
ドサ
かっ…勝った!!

マメ知識▶ 「手に汗をにぎる」：きんちょうしたり興奮《こうふん》したりすると、てのひらにあせをかくことから。

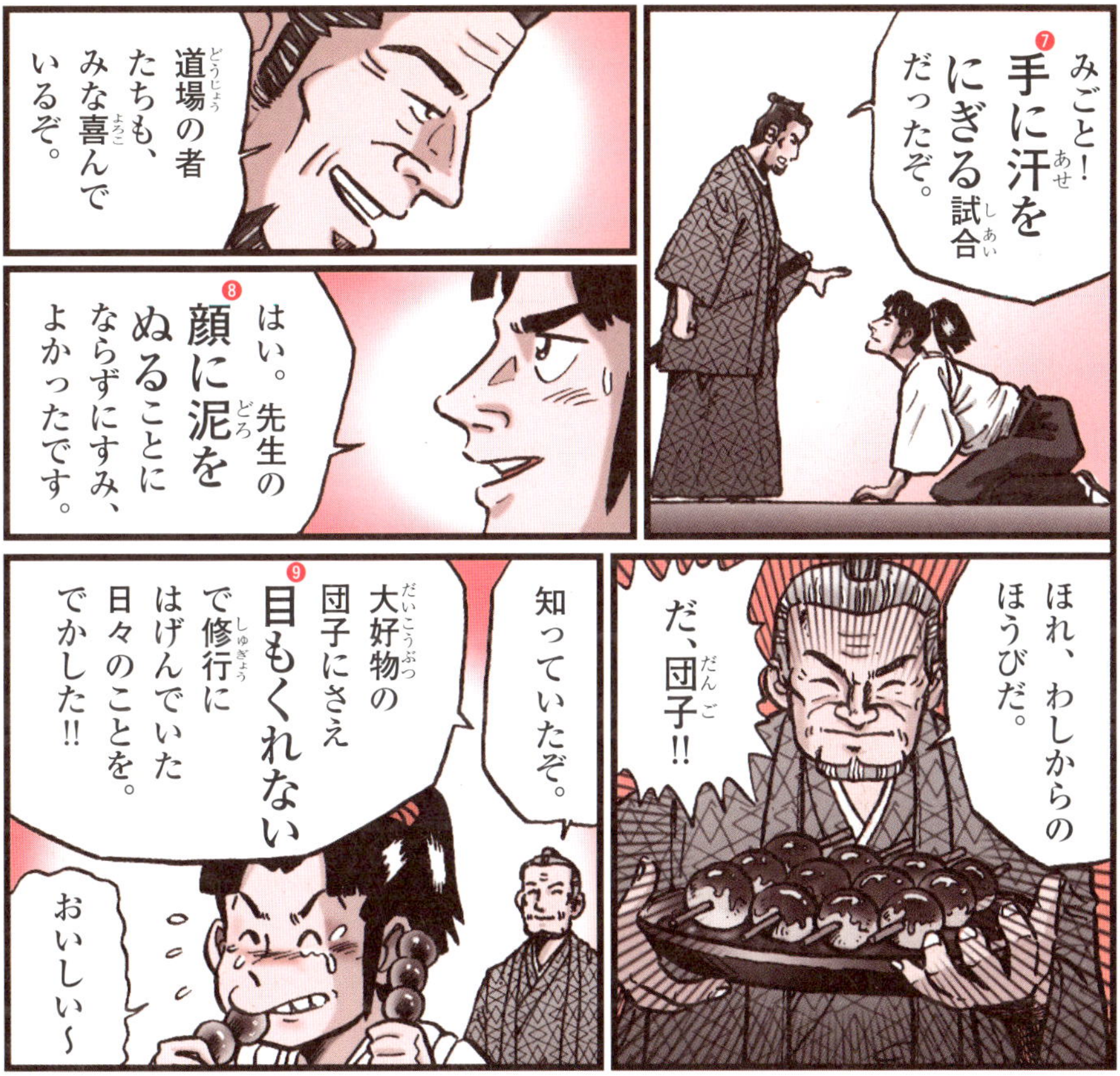

みごと！7手に汗《あせ》をにぎる試合《しあい》だったぞ。
道場《どうじょう》の者たちも、みな喜《よろこ》んでいるぞ。
はい。先生の8顔に泥《どろ》をぬることにならずにすみ、よかったです。
ほれ、わしからのほうびだ。
だ、団子《だんご》!!
知っていたぞ。
大好物《だいこうぶつ》の団子にさえ9目もくれないで修行《しゅぎょう》にはげんでいた日々のことを。でかした!!
おいしい〜

慣用句スピードチェック

5 **目《め》に物《もの》見《み》せる**
ひどい目にあわせて、相手に思い知らせる。

6 **腕《うで》を上《あ》げる**
上手になる。腕が上がる。手が上がる。

7 **手《て》に汗《あせ》をにぎる**
成《な》り行《ゆ》きを、きんちょうして見守る。手に汗にぎる。

8 **顔《かお》に泥《どろ》をぬる**
めいよを傷《きず》つけて、はじをかかせる。

9 **目《め》もくれない**
見ようともしない。相手にしない。

マメ知識 ・「顔に泥をぬる」：「泥をぬる」だけでも同様の意味を表す。

入試に出る！

体に関係《かんけい》する

慣用句

目《め》が利《き》く

よく出る

物事の良《よ》し悪《あ》しや価値《かち》を見分ける力がすぐれている。

例文　父は宝石《ほうせき》に**目が利く**。

目《め》が肥《こ》える

良いものを見慣《みな》れて、ものの良し悪しを見分けられるようになる。

例文　姉は留学中《りゅうがくちゅう》の美術館《びじゅつかん》めぐりで、美術作品について**目が肥え**た。

目《め》が高《たか》い

良いものを見分ける力がすぐれている。

例文　この焼《や》き物《もの》の良さがわかるとは、**目が高い**。

目《め》がない

よく出る

非常《ひじょう》に好《す》きである。

例文　母はチョコレートに**目がない**ので、誕生日《たんじょうび》にはチョコレートケーキを買ってあげた。

目《め》から鼻《はな》へぬける

よく出る

りこうでわかりが早い。ぬけ目がなくて、すばしこい。

例文　いつも的確《てきかく》な発言をする森さんは、**目から鼻へぬける**秀才《しゅうさい》だ。

目《め》と鼻《はな》の先《さき》

ほんの少ししかはなれていないことのたとえ。

例文　わたしの家の**目と鼻の先**にある公園で、よく犬と散歩《さんぽ》する。

目《め》に余《あま》る

よく出る

だまって見ていられないほどひどい。

例文　電車内での携帯《けいたい》電話のマナーの悪さは、**目に余る**。

目《め》をかける

特別《とくべつ》にかわいがる。何かにつけてめんどうを見る。

例文　かれは才能《さいのう》があるうえに練習熱《ねっ》心《しん》で、コーチも目をかけている。

顔《かお》が売《う》れる

よく出る

広く世間に名が知られる。有名になる。

例文　話題の映画《えいが》に出たおかげで、新人ながらずいぶん顔が売れた。

顔《かお》が利《き》く

よく出る

信用《しんよう》や力があって、何かと無理《むり》を通せる。

例文　あの店では父の顔が利くので、特別なサービスを受けた。

顔《かお》から火《ひ》が出《で》る

よく出る

非常にはずかしくて、顔が真《ま》っ赤《か》になる。

例文　自信満々《じしんまんまん》で言った答えがちがっていて、顔から火が出る思いをした。

顔《かお》を立《た》てる

相手の世間に対するめいよ、面《めん》目《ぼく》を守る。

例文　友人の顔を立てるため、かれの作品を思い切りほめた。

腕《うで》によりをかける

腕前を十分に表そうとして、いっそう張《は》り切《き》る。

例文　この家具は、職人《しょくにん》が腕によりをかけて作った高級品だ。

腕《うで》をふるう

自分がもっている力を存分《ぞんぶん》に出し切る。

例文　お客さまをもてなすため、腕をふるってごちそうを作る。

腕《うで》をみがく

練習して、もっと力をつける。

例文　達人《たつじん》とよばれる人はみな、日々努力《どりょく》して腕をみがいているものだ。

慣用句一問一答

▼答えはそれぞれのページの下

次の意味を表す慣用句《かんようく》を、後のア〜クから選《えら》び、記号で答えなさい。

❶ 関心《かんしん》を示《しめ》さず、見向きもしない。……（　）

❷ 信用《しんよう》や力があって、何かと無理《むり》を通せる。……（　）

❸ 自分の腕前《うでまえ》や実力を見せたくて、張《は》り切《き》る。……（　）

❹ りこうでわかりが早い。ぬけ目がない。……（　）

❺ めいよを傷《きず》つけて、はじをかかせる。……（　）

❻ 相手を軽く見て、いいかげんにあつかう。……（　）

❼ 物事の良《よ》し悪《あ》しや価値《かち》を見分ける力がすぐれている。……（　）

ア　顔に泥《どろ》をぬる　　イ　目もくれない　　ウ　腕《うで》を上げる　　エ　目が利《き》く

オ　目から鼻へぬける　　カ　鼻であしらう　　キ　顔が利く　　ク　腕が鳴る

答え　❶イ　❷キ　❸ク　❹オ　❺ア　❻カ　❼エ

次の文の（　　）に入る言葉を、後のア～ケから選び、記号で答えなさい。

❶ 姉は、あまいものが好《す》きで、特《とく》にアイスクリームに目が（　　）。

❷ 友だちが久《ひさ》しぶりに訪《たず》ねてくるので、料理《りょうり》の腕を（　　）。

❸ 子どもたちの、目に（　　）行動を注意する。

❹ コンクールで優勝《ゆうしょう》し、顔が（　　）。

❺ 目が（　　）ようにと、多くの有名な絵画を見て回る。

❻ 今日の試合《しあい》は、手に（　　）ような大接戦《だいせっせん》だった。

❼ 毎日練習を欠《か》かさないで、シュートの腕を（　　）。

❽ 自分の主張《しゅちょう》を取り下げて、相手の顔を（　　）。

ア 立てる　イ よりをかける　ウ 余《あま》る
エ みがく　オ ない　カ 汗《あせ》をにぎる
キ ふるう　ク 売れる　ケ 肥《こ》える

答え ❶オ ❷キ ❸ウ ❹ク ❺ケ ❻カ ❼エ ❽ア

入試問題にチャレンジ！

▼答えはこのページの下

次の①～⑩の□に漢字一字を入れ、下の意味に合うように、慣用句《かんようく》を完成《かんせい》しなさい。

〈目黒星美学園中〉

① 耳が□い…自分の欠点《けってん》をはっきり言われて、つらいこと。

② 寝耳《ねみみ》に□…急なできごとにおどろくこと。

③ 目と□の先…すぐ近くであること。

④ 目を□う…見たことが信《しん》じられないこと。

⑤ 手を□く…しまつができないで、もてあますこと。

⑥ 口が□い…言わなくてもいいことまで、なんでもしゃべること。

⑦ 口□に乗る…相手の話にうまくだまされること。

⑧ 顔が□い…知り合いが多いこと。

⑨ 顔から□が出る…たいへんはずかしい思いをして、顔を赤くすること。

⑩ 首を□くする…今か今かと、待ちこがれること。

答え ①痛 ②水 ③鼻 ④疑 ⑤焼 ⑥軽 ⑦車 ⑧広 ⑨火 ⑩長

4 体に関係《かんけい》する慣用句《かんようく》

骨《ほね》を折《お》る

日《ひ》の目《め》を見《み》る

足《あし》を洗《あら》う

胸《むね》をはずませる

舌《した》つづみを打《う》つ

長年の研究が完成《かんせい》する日も近いぞ！みんなの鼻《はな》を明《あ》かしてやるんだ。

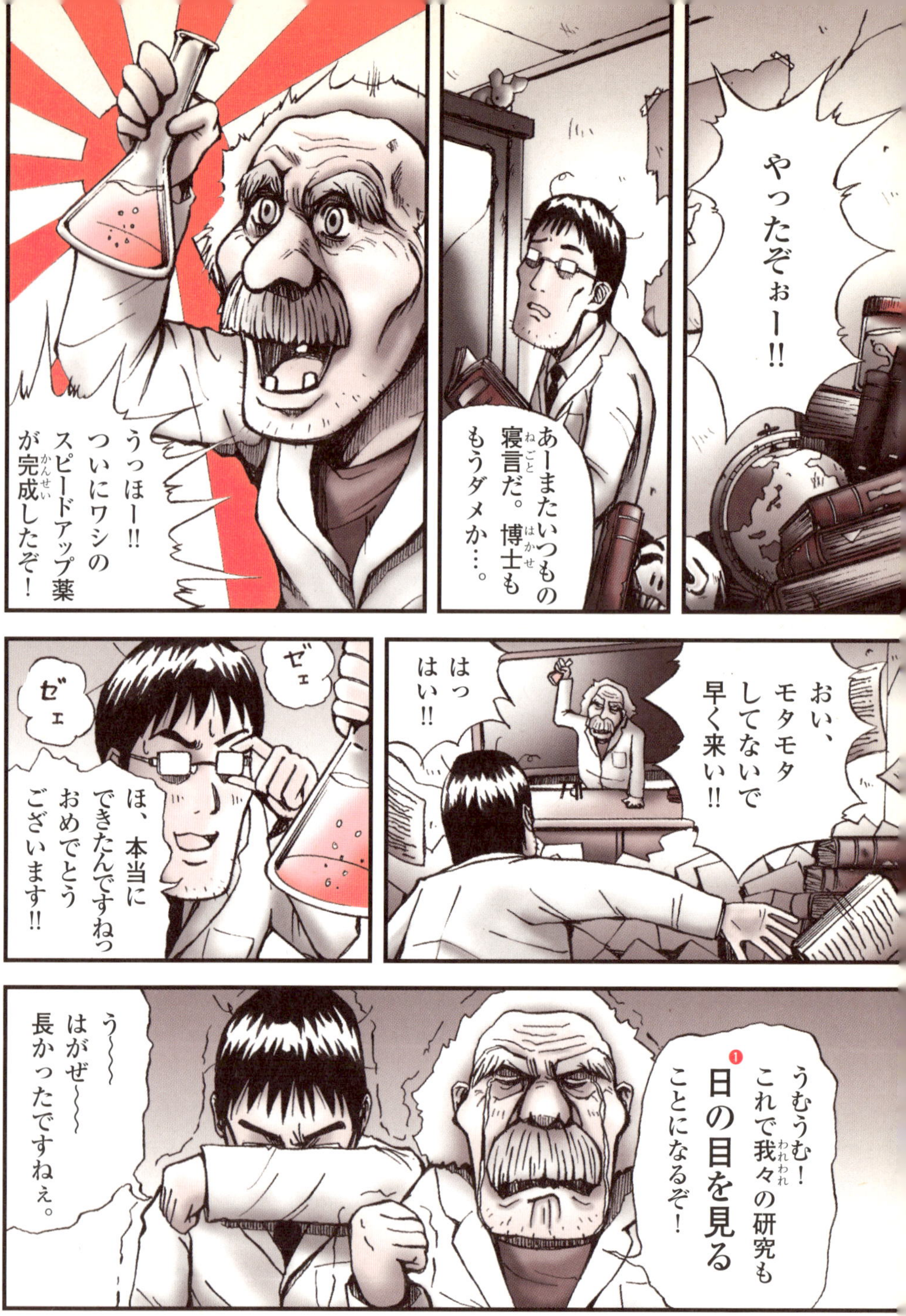

やったぞぉー!!
あーまたいつもの寝言《ねごと》だ。博士《はかせ》ももうダメか…。
うっほー!! ついにワシのスピードアップ薬が完成《かんせい》したぞ!
おい、モタモタしてないで早く来い!!
はっはい!!
ゼェ
ゼェ
ほ、本当にできたんですねっ おめでとうございます!!
うむうむ! これで我々《われわれ》の研究も❶日の目を見ることになるぞ!
う〜〜 はがぜ〜〜 長かったですねぇ。

マメ知識 ・「日の目を見る」の「日の目」とは、太陽の光のこと。

これからは世界じゅうから②一目《いちもく》置《お》かれますよ！
ん？
そうじゃ。③顔が広くなるわけだ。
ひゃっほ〜 さっそくエステの予約《よやく》しなきゃっ。
らんらんら〜ん♪
今までバカにしてたやつらの④鼻を明かしてやりましょう！
もちろんじゃとも！

慣用句スピードチェック

① **日《ひ》の目《め》を見《み》る**

今まで人々に知られていなかったものが、世の中に認《みと》められる。また、状況《じょうきょう》が変《か》わってよい境《きょう》ぐうになる。

②* **一目《いちもく》置《お》く**

相手が自分よりすぐれていると認めて、一歩ゆずる。

③ **顔《かお》が広《ひろ》い**

多くの人と付《つ》き合《あ》いがある。

使い方 スポーツマンの兄は、学校内で顔が広い。

④ **鼻《はな》を明《あ》かす**

相手のすきをついたり、思いがけないことをしたりして、びっくりさせる。

*は、体に関係《かんけい》する慣用句《かんようく》ではありません。

マメ知識 ・「一目置く」：碁《ご》を打つときに、弱いほうが先に石を一個《いっこ》ばんの上に置いて始めることから出た言葉。

—記者会見—
みなさん、首を長くして待っておられたことでしょう。
それでは、わたしの発明したスピードアップ薬の効果《こうか》をお見せいたします。
ぐびぐび
ぷはぁ
コトッ
生麦生米《なまむぎなまごめ》生卵《なまたまご》~~~!
赤《あか》巻《ま》き紙《がみ》青《あお》巻き紙黄《き》巻き紙!
となりの客はよく柿《かき》食う客だぁ~っ
……。たっ…確《たし》かによく舌《した》が回ってるわぁ…。
今度は短距離《たんきょり》ランナーと競走《きょうそう》しま~す!
はかせすばらしー

マメ知識 ・「歯が立たない」:かたくてかめないという意味から。

よーい
スタート!
ギュオ
すごいわ!
実力のある短距離
ランナーでも
7 歯が立たない!
ギュオーーーン!!
やった!
やったぞ!
ゼェゼェ
博士《はかせ》~!
みんな
8 目を丸くし
てますよ!
フラフラ~
やったぞ…
大丈夫《だいじょうぶ》
ですか!?
ぐーぐー
すぴ~
大丈夫です。
スピードアップした
あとは、一日ねむり
続《つづ》けちゃうんです。

慣用句スピードチェック

5 **首《くび》を長《なが》くする**

今か今かと待つ。待ちこがれる。

使い方 クリスマスが来るのを首を長くして待つ。

6 **舌《した》が回《まわ》る**

なめらかによくしゃべる。

7 **歯《は》が立《た》たない**

力がおよばない。相手が強くてかなわない。

使い方 読書量《どくしょりょう》ではだれも姉に歯が立たない。

8 **目《め》を丸《まる》くする**

びっくりして目を大きく開く。

マメ知識▶ ・「目を丸くする」と似《に》ている「目を見張《みは》る」は、「おどろいたり、感心したり、あきれたりして、目を大きく見開く」という意味の慣用句《かんようく》。

入試に出る！慣用句

体に関係《かんけい》する

舌《した》つづみを打《う》つ

食べ物を味わいながら、喜《よろこ》んで食べる様子。

例文 旅行先で出会った新せんな魚料《りょう》理《り》に**舌つづみを打っ**た。

舌《した》を巻《ま》く

よく出る

あまりのすばらしさに、非常《ひじょう》におどろいたり、感心したりする。

例文 そのスケーターの演技《えんぎ》のすばらしさに、だれもが**舌を巻い**た。

胸《むね》がすく

痛快《つうかい》なものを見たり聞いたりして、気持ちがすっきりする。

例文 悪人たちが見事にやっつけられるのを見て、**胸がすく**思いがした。

胸《むね》を打《う》つ

よく出る

人の心をゆり動かして、感動させる。

例文 かの女《じょ》の熱《ねつ》のこもったスピーチは、会場をうめたすべての人々の**胸を打っ**た。

胸《むね》を借《か》りる

実力のある相手にけいこをつけてもらう。

例文 キャプテンが練習相手をしてくれたので、**胸を借りる**つもりで全力でぶつかった。

胸《むね》をはずませる

喜びや期待でいっぱいで、わくわくする様子。

例文 夏休みには海外旅行に行こうという父の提案《ていあん》に、胸をはずませる。

あげ足《あし》を取《と》る

人の言った言葉じりや言いまちがいをとらえて、からかう。

例文 人のあげ足を取るようなことはやめたほうがいい。

足《あし》が出《で》る

よく出る

予定以上《いじょう》にお金がかかり、赤字になる。

例文 バーゲンで、ついたくさん買い物をしてしまい、足が出た。

足《あし》が棒《ぼう》になる

よく出る

長い間歩いたり立っていたりしてつかれ、足がこわばる。

例文 ハイキングは楽しかったが、すっかり足が棒になった。

足《あし》を洗《あら》う

悪い仕事や行いをやめて、まじめになる。

例文 人をだますような仕事から足を洗って、まじめに働《はたら》き始める。

二《に》の足《あし》をふむ

よく出る

気が進まずためらう。しりごみする。

例文 日本一こわいお化けやしきと聞き、入るのに二の足をふむ。

骨《ほね》を折《お》る

よく出る

目的《もくてき》を達成《たっせい》するために、苦労《くろう》をかえりみず、力をつくす。

例文 図書委員たちが骨を折ってくれたおかげで、図書室がとても使いやすくなった。

慣用句一問一答

▼答えはそれぞれのページの下

次の□に、体の一部を表す漢字一字を入れて慣用句《かんようく》を完成《かんせい》させなさい。また、その慣用句の意味を後のア～カから選《えら》び、（　）に記号で答えなさい。

❶ □を借《か》りる……（　）

❷ □を巻《ま》く……（　）

❸ □が出る……（　）

❹ □が立たない……（　）

❺ 日の□を見る……（　）

❻ □を折《お》る……（　）

ア　あまりのすばらしさに、非常《ひじょう》におどろいたり、感心したりする。

イ　目的《もくてき》を達成《たっせい》するために、苦労《くろう》をかえりみず、力をつくす。

ウ　予定以上《いじょう》にお金がかかり、赤字になる。

エ　相手が強くて、とてもかなわない。

オ　今まで世間に知られていなかったものが、広く知られるようになる。

カ　実力のある相手にけいこをつけてもらう。

答え　❶胸・カ　❷舌・ア　❸足・ウ　❹歯・エ　❺目・オ　❻骨・イ

次の文の□に、あてはまる漢字一字を書きなさい。

❶ 今回は負けてしまったが、練習にはげんで次の試合《しあい》ではきっと相手の鼻を□かしてやろうと思う。

❷ 気に入ったくつを見つけたが、値段《ねだん》が予想以上に高く、買うのに□の足をふんだ。

❸ 胸《むね》を□つオーケストラの演奏《えんそう》に、観客《かんきゃく》が総立《そうだ》ちではく手を送った。

❹ 朝から立ち続《つづ》けで働《はたら》き、足が□になった。

❺ けがで戦列《せんれつ》をはなれている人気選手《せんしゅ》の復帰《ふっき》を、全国のファンは首を□くして待っている。

❻ 児童《じどう》会長のかの女《じょ》には、みんな一目《いちもく》□いている。

❼ 兄はすぐわたしのあげ足を□るので、いつもくやしい思いをする。

❽ わたしが満点《まんてん》を取ったと聞いて、母は目を□くした。

❾ 人前で話すのが好《す》きな町内会長は、よく舌《した》が□る。

答え ❶明 ❷二 ❸打 ❹棒 ❺長 ❻置 ❼取 ❽丸 ❾回

入試問題にチャレンジ！

▼答えはこのページの下

次の①～⑤は慣用句《かんようく》で、□にはそれぞれ同じからだの部分が入ります。次から適切《てきせつ》なものを一つずつ選《えら》び、記号で答えなさい。

〈城西大学附属城西中〉

①〔□がかるい　□がうまい　□がすべる〕……（　）

②〔□にかける　□もちならない　□につく〕……（　）

③〔□をみがく　□がなる　□をふるう〕……（　）

④〔□にたこができる　□をうたがう　□をすます〕……（　）

⑤〔□をうつ　□をなでおろす　□をはずませる〕……（　）

ア　頭	イ　目	ウ　耳
エ　鼻	オ　口	カ　首
キ　胸《むね》	ク　腕《うで》	ケ　腰《こし》

答え　①オ　②エ　③ク　④ウ　⑤キ

5 動植物に関係《かんけい》する慣用句《かんようく》

ねこの額《ひたい》

すずめの涙《なみだ》

虫《むし》がいい

水《みず》を得《え》た魚《うお》のよう

羽《はね》をのばす

あの女…、事件現場《じけんげんば》にいた女とうり二《ふた》つだ。あやしいぞ！

二億円《おくえん》ダイヤ盗難《とうなん》事件《じけん》の犯人《はんにん》は—
LIVE
中継
2億円ダイヤ盗まれる!
いまだその足どりが不明《ふめい》で——
現場《げんば》付近《ふきん》ではあなたによく似《に》た女性《じょせい》が何回も目撃《もくげき》されている!
あなたがダイヤ窃盗犯《せっとうはん》ではないのですか!?
ビシィ
1 根も葉もないことを言わないでいただきたいわね。
そんなもの何の証拠《しょうこ》にもならないわよ。
そんな写真でわたしを犯人呼《よ》ばわりなんてまだまだあまいわね、新米《しんまい》探偵《たんてい》さん。
ぐぬぬ……
失礼するわ
あんなアヤシイ女、見過《みす》ごせるもんか!
2 しっぽをつかんでやるぜ!

マメ知識

・「根も葉もない」：植物のもととなる根もなければ、その結果《けっか》として生える葉もない、という意味。

人気《ひとけ》のない場所に来たな。
③ねこをかぶってたがとうとう本性《ほんしょう》を現《あらわ》したか。
なるほど、廃《はい》ビルか。
ス…
何をたくらんでいるんだ、あの女…
まだわたしを疑《うたが》ってるのね、④虫が好《す》かない探偵《たんてい》さんだわ。
ギリリ
!!
いっいつの間に後ろに…
ギリ

慣用句スピードチェック

① **根《ね》も葉《は》もない**

何のよりどころもない。

使い方 根も葉もないうわさにふり回された。

② **しっぽをつかむ**

他人がごまかしていたことやかくしていたことを見つける。しっぽをつかまえる。

③ **ねこをかぶる**

本当の性質《せいしつ》をかくして、おとなしそうに見せかける。ねこかぶりをする。

④ **虫《むし》が好《す》かない**

これといった理由はないが、何となく気に入らない。

マメ知識 ・「虫が好かない」:「虫」は、人間の体の中にあって、感情《かんじょう》や気分などにさまざまなえいきょうをあたえるとされていたもののこと。

今度はいったい何をたくらんでいるんだ！
ここはキミのかくれ家《が》なのか!?
まったく頭の固《かた》い人ねぇ。
⑤苦虫《にがむし》をかみつぶしたような顔はやめて、こっちに来て。
カツ
カツ
ほら、あそこ見て。
向かいのビル…？
!!
あっあれは盗《ぬす》まれた二億円《おくえん》ダイヤ!!
じゃあまさか…
そっ。あそこがダイヤ窃盗犯《せっとうはん》のかくれ家ってワケ。
きっ…キミは何者だ…!?
なぜこんなことを知って…
こんなときに⑥根掘《ねほ》り葉掘《はほ》り聞かないでよ！
さ、これにつかまって！
つかまる？
用意しておいたの。
何事もハデにいかないと。

マメ知識 ・「苦虫をかみつぶしたよう」：「苦虫」は、かんだらさぞ苦いだろうと想像《そうぞう》される虫のこと。

のんびりと 羽をのばし ていられるのも そこまでよ！
観念《かんねん》して おとなしく おなわに つきなさい！
ガシャァァン
おほほほっ
ちくしょー
キミは わたしと 同業者《どうぎょうしゃ》 なのか…。
正解《せいかい》！
今回の件《けん》は あなたに 花を持たせ てあげるから、 次回から わたしと 組まない？
えんりょ します。
何か命が いくつあっても たりなそう…

慣用句スピードチェック

5 **苦虫《にがむし》をかみつぶしたよう**

非常《ひじょう》にきげんの悪い、苦々《にがにが》しい顔つきのたとえ。

6 **根《ね》掘《ほ》り葉《は》掘《ほ》り**

細かいことまでしつこくあれこれ聞く様子。

使い方 ちこくの理由を根掘り葉掘り聞かれた。

7 **羽《はね》をのばす**

口うるさい人やえんりょしなければならない人がいなくて、のびのびする。

8 **花《はな》を持《も》たせる**

相手を立てて喜《よろこ》ばせるため、勝利《しょうり》や手がらなどをゆずる。

花を持たす。

マメ知識 ・「根掘り葉掘り」：木の根を、根もとからとことんほり起こす様子の「根掘り」に、語調を合わせて「葉掘り」をつけた言葉と言われる。

入試に出る！動植物に関係《かんけい》する慣用句

犬《いぬ》の遠《とお》ぼえ

おくびょう者が、かげで悪口を言ったり、いばったりすること。

例文　上級生が帰ったとたん文句《もんく》を言い出すなんて、犬の遠ぼえだ。

犬猿《けんえん》の仲《なか》

非常《ひじょう》に仲が悪い間《あいだ》がらであること。

例文　あの二人は犬猿の仲で、となり同士《どうし》なのに十年以上《いじょう》口をきいていない。

うり二《ふた》つ

人の顔かたちがそっくりであること。

例文　弟は、父にうり二つだとよく言われる。

鵜《う》呑《の》みにする

人の言うことなどを、よく理解《りかい》せずにそのまま信《しん》じる。

例文　かれは作り話がうまいから、かれの言うことを鵜呑みにしてはいけない。

尾《お》ひれを付《つ》ける

よく出る

事実以外のことを付《つ》け加《くわ》えて、話を大げさにする。

例文　兄の失敗《しっぱい》について、尾ひれを付けて話してしまった。

すずめの涙《なみだ》

よく出る

非常に少ない量《りょう》のたとえ。

例文　今、財布《さいふ》の中にはすずめの涙ほどのお金しかない。

つるの一声《ひとこえ》

よく出る

多くの人たちの意見をおさえる、実力者のひとこと。

例文 会議《かいぎ》は大もめとなったが、社長のつるの一声で結論《けつろん》が出た。

ねこの額《ひたい》

非常にせまい場所のたとえ。

例文 ねこの額のような庭だが、家庭菜園《さいえん》を楽しんでいる。

根《ね》に持《も》つ

あることをうらんで、いつまでも忘《わす》れない。

例文 昔のことをずっと根に持つなんて、やめたほうがいい。

水《みず》を得《え》た魚《うお》のよう

自分の力を出せる得意《とくい》の分野で、生き生きと活やくすることのたとえ。

例文 ふだんはおとなしい妹だが、ピアノをひくときは水を得た魚のように生き生きとする。

虫《むし》がいい

自分勝手でずうずうしい。

例文 何も手伝《てつだ》わなかったのに、ごほうびのケーキを食べようとするとは虫がいい。

虫《むし》が知《し》らせる

よく出る

何か良《よ》くないことが起こりそうな予感がする。

例文 虫が知らせたのか、出かける予定を直前に取りやめたら、行くはずだった場所で火事があった。

わらにもすがる

追いつめられると、どんなものにでもたよりたくなる。

例文 その晩《ばん》の宿がなく、わらにもすがる思いである農家を訪《たず》ねた。

慣用句 一問一答

▼答えはそれぞれのページの下

次の文の（　　）にあてはまる慣用句《かんようく》を、後のア～クから選《えら》んで、記号で答えなさい。

❶ 負けているチームの監督《かんとく》が、（　　）な顔をしている。

❷ そんな（　　）うわさをどこから聞いてきたんだ。

❸ あの二人は（　　）で、意見が合うことがない。

❹ 上級生が試合《しあい》に出かけるので、下級生たちは（　　）ことができそうだ。

❺ 半分は自分が洗《あら》った皿をすべて弟が洗ったことにして、弟に（　　）。

❻ さすがふたごだけあって、あの姉妹《しまい》は（　　）で見分けがつかない。

❼ 近ごろあのタレントをテレビでよく見かけるが、どうも（　　）。

ア うり二つ　イ ねこの額《ひたい》　ウ 犬猿《けんえん》の仲《なか》　エ 苦虫《にがむし》をかみつぶしたよう

オ 羽をのばす　カ 花を持たせる　キ 根も葉もない　ク 虫が好《す》かない

答え ❶エ ❷キ ❸ウ ❹オ ❺カ ❻ア ❼ク

次の［　　］にあてはまる生き物をア～クから選び、また、その慣用句の意味を後のa～fから選んで、（　　）に記号で答えなさい。

❶ ［　　］の一声《ひとこえ》（　　）（　　）

❷ ［　　］が知らせる（　　）（　　）

❸ ［　　］の涙《なみだ》（　　）（　　）

❹ ［　　］をかぶる（　　）（　　）

❺ 水を得《え》た［　　］のよう（　　）（　　）

❻ ［　　］呑《の》みにする（　　）（　　）

ア　犬	イ　かえる
ウ　ねこ	エ　虫
オ　魚《うお》	カ　つる
キ　すずめ	ク　鵜《う》

a　本当の性質《せいしつ》をかくして、おとなしそうにする。

b　何か良《よ》くないことが起こりそうな予感がする。

c　人の言うことなどを、よく理解《りかい》せずにそのまま信《しん》じる。

d　多くの人たちの意見をおさえる、実力者のひとこと。

e　自分の力を出せる得意《とくい》の分野で、生き生きと活やくすることのたとえ。

f　非《ひ》常《じょう》に少ない量《りょう》のたとえ。

答え　❶カ・d　❷エ・b　❸キ・f　❹ウ・a　❺オ・e　❻ク・c

入試問題にチャレンジ！

▼答えはこのページの下

次の各文《かくぶん》の意味を表す慣用句《かんようく》として、最《もっと》もふさわしいものを後のア〜オから選《えら》び、記号で答えなさい。

〈聖和学院中・改〉

① 人の言葉をよく考えないで、そのまま受け入れてしまうこと。……（　）

② 事実以外《いがい》のことが付《つ》け加《くわ》わって、大げさになること。……（　）

③ ほんのわずかであること。……（　）

④ 利己的《りこてき》な態度《たいど》をとること。……（　）

⑤ ついには。最後《さいご》は結局《けっきょく》。……（　）

ア 尾《お》ひれが付く　　イ とどのつまり

ウ すずめの涙《なみだ》　　エ 虫がいい

オ 鵜呑《うの》みにする

答え ①オ ②ア ③ウ ④エ ⑤イ

6 「水」「気」に関《かん》係《けい》する慣《かん》用《よう》句《く》

水《みず》に流《なが》す

気《き》が置《お》けない

水《みず》と油《あぶら》

気《き》が気《き》でない

立《た》て板《いた》に水《みず》

いつになく
元気ないね。
いったい何を
気《き》に病《や》んでるの？

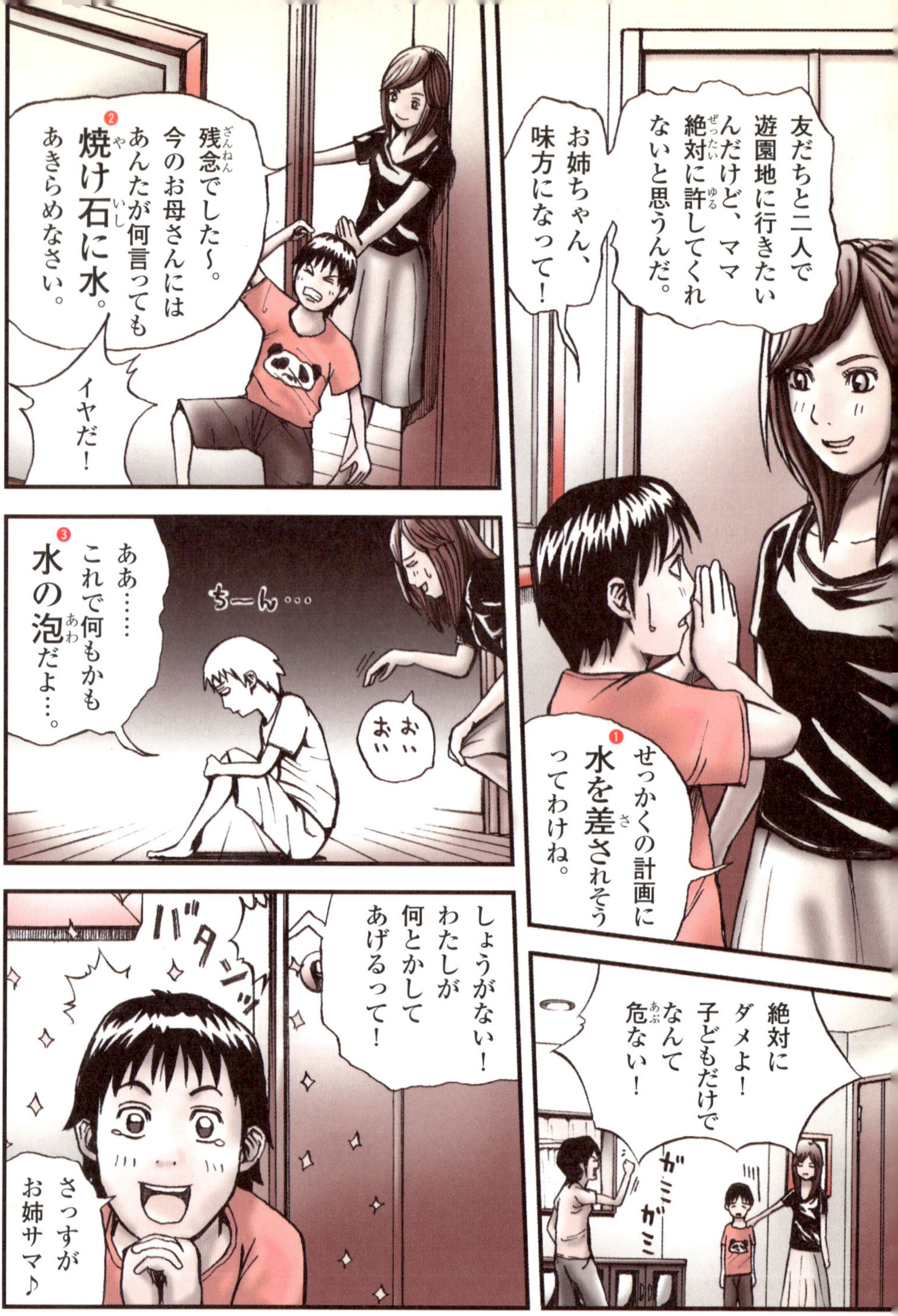
友だちと二人で遊園地に行きたいんだけど、ママ絶対《ぜったい》に許《ゆる》してくれないと思うんだ。
お姉ちゃん、味方になって！
せっかくの計画に
①水を差《さ》されそうってわけね。
残念《ざんねん》でした〜。今のお母さんにはあんたが何言っても②焼《や》け石《いし》に水。あきらめなさい。
イヤだ！
ああ……これで何もかも③水の泡《あわ》だよ…。
ちーん…
おいおい
絶対にダメよ！子どもだけでなんて危《あぶ》ない！
ガミガミ
しょうがない！わたしが何とかしてあげるって！
バタンッ
さっすがお姉サマ♪

マメ知識 ・「水を差す」：熱《あつ》い湯やこいものに水を加《くわ》えて、ぬるくしたり、うすめたりするという意味から。

ちょっと……
ルンルン♥
ボンボン
なんで友だちが女の子だって、言わなかったのよ。④気が引けるんだけど。
?
気にしないで。お姉ちゃんも行くってことで許してもらったんだからさ。
ねーっ♪

慣用句スピードチェック

① **水《みず》を差《さ》す**

せっかくうまくいっている物事を、そばでじゃまをして、うまくいかないようにする。

② **焼《や》け石《いし》に水《みず》**

焼けた石に少しの水をかけてもすぐにかわいてしまうように、少しばかりの助けや努力《どりょく》では効《き》きめのないことのたとえ。

③ **水《みず》の泡《あわ》**

長い間の努力や苦労《くろう》が、むだになってしまうこと。

④ **気《き》が引《ひ》ける**

相手に対して悪いような気がする。引け目を感じる。

マメ知識 ・「水の泡」:「水の泡となる」「水泡《すいほう》に帰《き》す」という表現《ひょうげん》も、同じ意味。

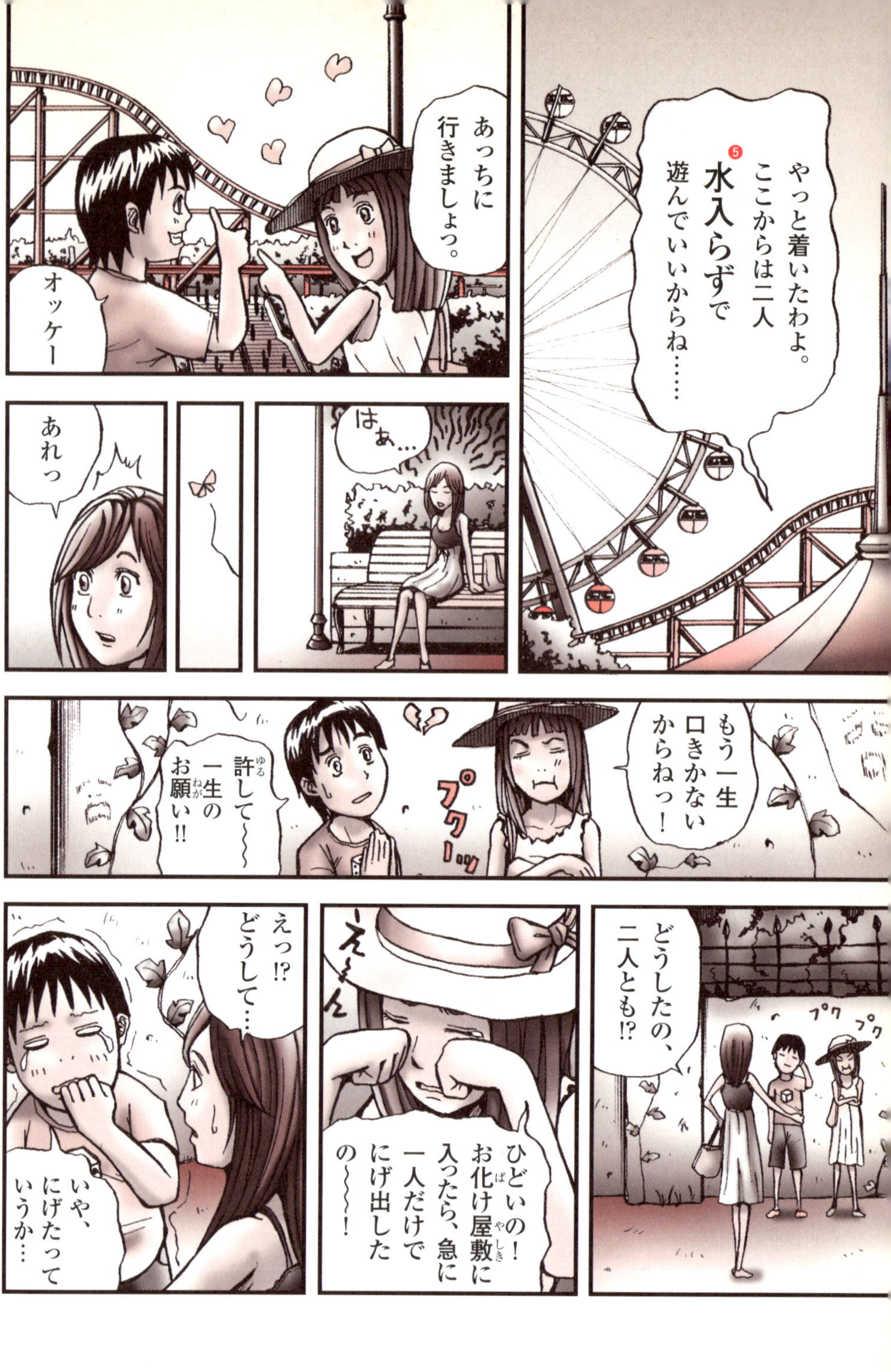
やっと着いたわよ。ここからは二人[5]水入らずで遊んでいいからね……
あっちに行きましょっ。
オッケー
はぁ…
あれっ
もう一生口きかないからねっ!
プクーッ
許《ゆる》して〜〜一生のお願《ねが》い!!
どうしたの、二人とも!?
プク プク
え〜ん
ひどいの! お化《ば》け屋敷《やしき》に入ったら、急に一人だけでにげ出したの〜〜〜!
えっ!? どうして…
いや、にげたっていうか…

おとめのいかり
なに ⑥言葉をにごしてんのよー！バカーッ!!
ね、ねえ…それくらいにしてすんだことは⑦水に流さない？ お願いだから…。
あらっ わたしとしたことが。
ちょっと！あんまり⑧気をもませないでよね。
はい。
それじゃ！もう一度入りましょ♡
ぎいやあああ
ホラ〜ハウス

慣用句スピードチェック

⑤ 水入《みずい》らず

（家族など）親しい人ばかりで他人がまじっていないこと。

⑥* 言葉《ことば》をにごす

はっきりとものを言わないでおく。

使い方 テストの点を聞かれ、言葉をにごす。

⑦ 水《みず》に流《なが》す

今までのいざこざや気まずさなどはすべて捨《す》てて、以後《いご》こだわらないようにする。

⑧ 気《き》をもむ

あれこれ心配する。いらいらする。

*は、「水」「気」に関係《かんけい》する慣用句《かんようく》ではありません。

マメ知識 ・「気をもむ」と似《に》た表現《ひょうげん》の「気がもめる」は、「心配で落ち着かない」という意味。

入試に出る！慣用句

「水」「気」に関係《かんけい》する

水《みず》くさい

他人のようによそよそしい。

例文 めいわくをかけたくないなんて水くさいことを言わずに、何でも相談してくれ。

水《みず》と油《あぶら》

性格《せいかく》が合わず、関係《かんけい》がしっくりしないことのたとえ。

例文 あの二人は、考え方がまったくちがっていて、まるで水と油だ。

水《みず》を打《う》ったよう

その場にいるたくさんの人々が、少しもさわがずに静《しず》まり返っている様子。

例文 校長先生のひとことで、さわがしかった全校集会の会場が水を打ったようになった。

立《た》て板《いた》に水《みず》

よく出る

なめらかにすらすらと話し続《つづ》ける様子。

例文 内村さんは、それまでのきんちょうがうそのように、立て板に水のすばらしい演説《えんぜつ》をした。

湯水《ゆみず》のように使《つか》う

金銭《きんせん》をむやみに使う様子。

例文 大もうけをしたからといって、お金を湯水のように使うのは感心できない。

お茶《ちゃ》をにごす

よく出る

いいかげんなことを言ったりして、その場をごまかす。

例文

都合の悪いことを聞かれ、よく知らないふりをしてお茶をにごした。

気《き》が置《お》けない

よく出る

心から打ち解《と》けて気楽に付《つ》き合《あ》うことができる。

例文

初《はじ》めて会ったときは、おたがい人見知りをしていたが、今ではすっかり気が置けない仲《なか》だ。

気《き》が気《き》でない

心配で落ち着いていられない。

例文

木に登った子どもが落ちはしないかと、気が気でない。

気《き》に病《や》む

くよくよ心配して、思いなやむ。

例文

すんでしまったことをいつまでも気に病むのはやめて、もっと前向きに考えよう。

気《き》を回《まわ》す

必要《ひつよう》以上《いじょう》にあれこれ考える。

例文

気を回しすぎると、かえって相手のめいわくになることもある。

気《き》心《ごころ》が知《し》れる

その人がもっている気質《きしつ》がわかっている。

例文

長年の付き合いで、おたがい気心が知れている。

慣用句一問一答

▼答えはそれぞれのページの下

次の（　）の意味を表す慣用句《かんようく》になるように、□にあてはまる言葉を後のア〜クから選《えら》び、記号で答えなさい。

❶ 気が□（相手に対して悪いような気がする。）

❷ 気を□（どうなることかとあれこれ心配する。）

❸ 気が□（心から打《う》ち解《と》けて気楽に付《つ》き合《あ》うことができる。）

❹ 気に□（くよくよ心配して、思いなやむ。）

❺ 気を□（必要《ひつよう》以上《いじょう》にあれこれ考える。）

❻ 気心が□（その人がもっている気質《きしつ》がわかっている。）

ア　回す　イ　置《お》けない　ウ　引ける　エ　かける

オ　にごす　カ　知れる　キ　病《や》む　ク　もむ

答え　❶ウ　❷ク　❸イ　❹キ　❺ア　❻カ

次の意味を表す慣用句を、後のア〜コから選び、記号で答えなさい。

❶ なめらかにすらすらと話し続《つづ》ける様子。（　　）
❷ すんだことにこだわらないで、何もなかったことにする。（　　）
❸ 性格《せいかく》が合わず、関係《かんけい》がしっくりしないことのたとえ。（　　）
❹ いいかげんなことを言ったりして、その場をごまかす。（　　）
❺ 状態《じょうたい》が大変《たいへん》悪く、少しぐらいの助けや努力《どりょく》では効《き》きめがないこと。（　　）
❻ その場にいるたくさんの人々が、少しもさわがずに静《しず》まり返っている様子。（　　）
❼ 努力や苦労《くろう》のすべてがむだになること。（　　）
❽ うまくいっている状態や関係をじゃまする。（　　）

ア　水を打ったよう　イ　水に流す　ウ　焼《や》け石《いし》に水
エ　水と油　オ　湯水のように使う　カ　立て板に水
キ　水入らず　ク　お茶をにごす　ケ　水の泡《あわ》
コ　水を差《さ》す

答え　❶カ　❷イ　❸エ　❹ク　❺ウ　❻ア　❼ケ　❽コ

入試問題にチャレンジ！

▼答えはこのページの下

次の言葉の意味は、あとのどれにあたりますか。それぞれ記号で答えなさい。

〈松蔭中・改〉

① 気がおけない……（　）

② しり馬に乗る……（　）

③ 二の足をふむ……（　）

④ 尾《お》ひれをつける……（　）

⑤ お茶をにごす……（　）

ア 大げさにいう　イ ためらう

ウ 遠慮《えんりょ》がいらない　エ その場をごまかす

オ 軽率《けいそつ》に人に従《したが》う

答え ①ウ ②オ ③イ ④ア ⑤エ

7 物に関《かん》係《けい》する慣《かん》用《よう》句《く》

えりを正《ただ》す

げたを預《あず》ける

板《いた》につく

白《しら》羽《は》の矢《や》が立《た》つ

たなに上《あ》げる

ぼくが
身《み》を粉《こ》にして
作り上げたチームだ。
負けないぞ！

1 2 3 4 5 6 7 8 9 10 11 12 R
0 0 0 2 3 0 0 0 0 5
0 0 0 0 2 0 0 2 4
いいか、最後《さいご》まで①さじを投げるなよ！ 一点差《さ》だ、逆転《ぎゃくてん》するぞ!!
代打は一郎《いちろう》だ！
必《かなら》ず打ちます。
②くぎをさすようだが、ボール球《だま》には手を出すなよ！
はい。

マメ知識 ・「さじを投げる」：病気がひどくなりすぎていて回復《かいふく》する見こみが立たないため、医者が患者《かんじゃ》を見放す、という意味もある。「さじ」は、医者が薬を調合するために用いるもの。

カキーン
さすが! 非《ひ》の打ち所がないバッティングだ~~~。
次はたぐち、たのむぞ!
はい。
カキーン
セーフ!!
やったーっ! きみの足の速さにはかぶとを脱《ぬ》ぐよ。

慣用句スピードチェック

❶ さじを投《な》げる
物事の見こみが立たず、あきらめる。

❷ くぎをさす
まちがいのないように、前もって強く言いわたしておく。

❸ 非《ひ》の打《う》ち所《どころ》がない*
欠点《けってん》が一つもない。完全《かんぜん》である。
参考 「非を打つ」は、「悪いところを示《しめ》す。非難《ひなん》する」という意味。

❹ かぶとを脱《ぬ》ぐ
降参《こうさん》する。負ける。

*は、物に関係《かんけい》する慣用句《かんようく》ではありません。

マメ知識 ・「かぶとを脱ぐ」:「かぶと」は、昔、いくさのときに武士《ぶし》が頭を守るためにかぶったもの。戦《たたか》いをやめてかぶとをぬいでしまうことから。

いぐち、
おまえなら必《かなら》ず
打てる！ おれの
⑤折《お》り紙《がみ》付《つ》き
だ!!
はい。
おしいっ！
セカンド
ゴロだ。
次、
ロドリゲス。
決めろよ！
あーっ
ファースト
ライナーか！
このままだと
⑥らちが
明かない。
松居《まつい》くん、
きみに
かけるよ。
ホームラン、
ホームランだ！
カキーン
入った入った、
ホームラン!!
やった～
逆転《ぎゃくてん》!!
うそみたい、
すご～い!!

マメ知識 ⑤「折り紙付き」：「折り紙」とは鑑定書《かんていしょ》のこと。美術品《びじゅつひん》や刀剣《とうけん》などに鑑定保証《ほしょう》の折り紙がついて、品質《ひんしつ》が保証されているということから。ふつう、悪い意味には使わない。

きみたちはほんとにすばらしい!
7 身を粉《こ》にして指導《しどう》してきたかいがあったよ…。
まーた一人で遊んでるの!
8 横やりを入れるようだけどたまには外で遊んできなさい!
ホームラン

慣用句スピードチェック

5 折《お》り紙《がみ》付《つ》き

ある品物や人物について、決まった評判《ひょうばん》があること。

使い方 あの店の料理《りょうり》のおいしさは折り紙付きだ。

6 らちが明《あ》かない

物事の決まりがつかない。はかどらない。

7 身《み》を粉《こ》にする

苦労《くろう》をいやがらず、けんめいに働《はたら》く様子。

8 横《よこ》やりを入《い》れる

かかわりのない話や物事に、わきから口出しをすること。わきから文句《もんく》をつけること。

マメ知識

・「身を粉にする」:「身をこなにする」とは読まない。
・「横やりを入れる」:二つの軍《ぐん》が戦《たたか》っているときに、別《べつ》の一隊《いったい》が横からやりでつきかかることから。

入試に出る！ 物に関係《かんけい》する 慣用句

板《いた》につく

よく出る

仕事や動作や身なりが、その人によくなじむ。

例文 姉が中学に入って三か月がたち、制服姿《せいふくすがた》も板につい てきた。

えりを正《ただ》す

気持ちを引きしめて、人や物事に接《せっ》する。

例文 尊敬《そんけい》する選手《せんしゅ》に会う機会《きかい》があり、えりを正して話を聞いた。

大《おお》ぶろしきを広《ひろ》げる

できそうもないことや、ありそうもない大げさなことを言う。

例文 マラソン大会で三位以内《さんいいない》に入ってみせると、つい大ぶろしきを広げた。

げたを預《あず》ける

そのことをどうするかを相手に任《まか》せる。

例文 どのパソコンを買うかについては、父にげたを預けた。

ごまをする

利益《りえき》を得《え》るために、相手のきげんを取ったりする。

例文 おこづかいを上げてもらおうと、母を手伝《てつだ》ってごまをする。

白羽《しらはや》の矢《や》が立《た》つ

よく出る

大勢《おおぜい》の中から、特《とく》に選《えら》ばれて指名される。

例文 リレーのアンカーとして、高橋さんに**白羽の矢が立っ**た。

たなに上《あ》げる

自分に都合の悪いことにはふれないで、そっとしておく。

例文 自分の失敗《しっぱい》を**たなに上げ**て、ほかの人の不注意《ふちゅうい》を責《せ》める。

白紙《はくし》にもどす

もとの何もなかった状態《じょうたい》にもどす。

例文 飛行機《ひこうき》のチケットが取れず、旅行の計画を**白紙にもどす**。

針《はり》のむしろ

苦痛《くつう》でそこにはいたくないような場所や立場のたとえ。

例文 自分のせいで試合《しあい》に負けてしまい、反省会《はんせいかい》では**針のむしろ**にすわる思いだった。

みそをつける

失敗して面目《めんぼく》をなくす。

例文 アナウンサーが簡単《かんたん》な漢字をまちがって読み、**みそをつけ**た。

横車《よこぐるま》をおす

道理が通らないことを無理《むり》に通そうとする。

例文 会議《かいぎ》を何とか自分の思い通りに進めようと、**横車をおす**。

輪《わ》をかける

程度《ていど》が一段《いちだん》とまさる。いっそう大げさにする。

例文 かれは絵がうまいが、かれの兄の絵は**輪をかけ**てすばらしい。

慣用句一問一答

▼答えはそれぞれのページの下

次の□にあてはまる言葉をア～カから選《えら》び、慣用句《かんようく》を完成《かんせい》させなさい。また、その慣用句の意味を後のa～eから選んで、（　）に記号で答えなさい。

❶ ごまを□　（　）

❷ げたを□　（　）

❸ たなに□　（　）

❹ さじを□　（　）

❺ 横車を□　（　）

ア　預《あず》ける　　イ　おす

ウ　引く　　エ　上げる

オ　する　　カ　投げる

a　道理が通らないことを無理《むり》に通そうとする。

b　利益《りえき》を得《え》るために、相手のきげんを取ったりする。

c　自分に都合の悪いことにはふれないで、そっとしておく。

d　そのことをどうするかを相手に任《まか》せる。

e　これ以上《いじょう》やっても見こみがないとあきらめる。

答え　❶オ・b　❷ア・d　❸エ・c　❹カ・e　❺イ・a

次の文の（　　）にあてはまる慣用句を後のア～クから選び、記号で答えなさい。

❶ かれの書く文章はいつもすばらしく、（　　）。

❷ 二年も働《はたら》いていれば、看護師《かんごし》としてのふるまいも（　　）ころだろう。

❸ 言いたいことを言い合っているだけでは、いつまでたっても（　　）。

❹ 母の誕生日《たんじょうび》のお祝《いわ》いについてばらさないよう、弟に（　　）。

❺ あのチームにはとてもかなわないと（　　）。

❻ 合唱《がっしょう》コンクールのピアノの伴奏者《ばんそうしゃ》として、山田さんに（　　）。

❼ 相手が裏切《うらぎ》ったとわかり、協力《きょうりょく》する約束《やくそく》を（　　）。

❽ 父が自分の好《す》きな映画《えいが》について語っているところに、つい（　　）。

ア　らちが明かない
イ　白紙にもどす
ウ　かぶとを脱《ぬ》ぐ
エ　横やりを入れる
オ　非《ひ》の打ち所がない
カ　白羽《しらは》の矢が立つ
キ　板につく
ク　くぎをさす

答え　❶オ　❷キ　❸ア　❹ク　❺ウ　❻カ　❼イ　❽エ

入試問題にチャレンジ！

▼答えはこのページの下

1 （　）の中にひらがな二文字を入れて、それぞれの意味になるように慣用句《かんようく》を完成《かんせい》させなさい。

〈湘南白百合学園中・改〉

①（　　）を正す→真面目《まじめ》な気持ちになって心や姿勢《しせい》をあらためてきちんとする。

②（　　）を投げる→物事のみこみがないとあきらめる。

③（　　）をくくる→相手の力を軽く見る。

④（　　）をつける→しくじってはじをかく。

2 次の文の——線の意味として、最《もっと》も適当《てきとう》なものを記号で答えなさい。

〈國學院大學久我山中・改〉

彼《かれ》の実力は監督《かんとく》の<u>折り紙つきだ</u>。

イ　心に留《と》まる　ロ　気がかりである　ハ　保証《ほしょう》がある　ニ　自慢《じまん》である

答え　**1**　①えり　②さじ　③たか　④みそ　**2**　ハ

8 その他の慣《かん》用《よう》句《く》

けむに巻《ま》く

相《あい》づちを打《う》つ

群《ぐん》をぬく

しのぎをけずる

肝《きも》がすわる

ぼくの友だちはすぐ図《ず》に乗《の》るんだよな〜。

よっナオキ！
大事な話があるって、
いったい何のことだよ？
うん…実はぼく、
来月引っこすことに
なったんだ。
何だって!?
①そんなの寝耳《ねみみ》に水だよ!!
お父さんの
仕事の関係《かんけい》でさ、
とつ然《ぜん》だけど
しかたないんだ。
ヒデとは昔から
②馬が合ったから
ちゃんと言って
おこうと思って。
…そうか。
それにしても、
今まで二人で
つるんで
いろんなこと
してきたよね。

マメ知識
・「寝耳に水」：寝《ね》ているときに、洪水《こうずい》の音を耳にしておどろくことから。または、寝ているとき不意《ふい》に耳に水を入れられておどろくことから。

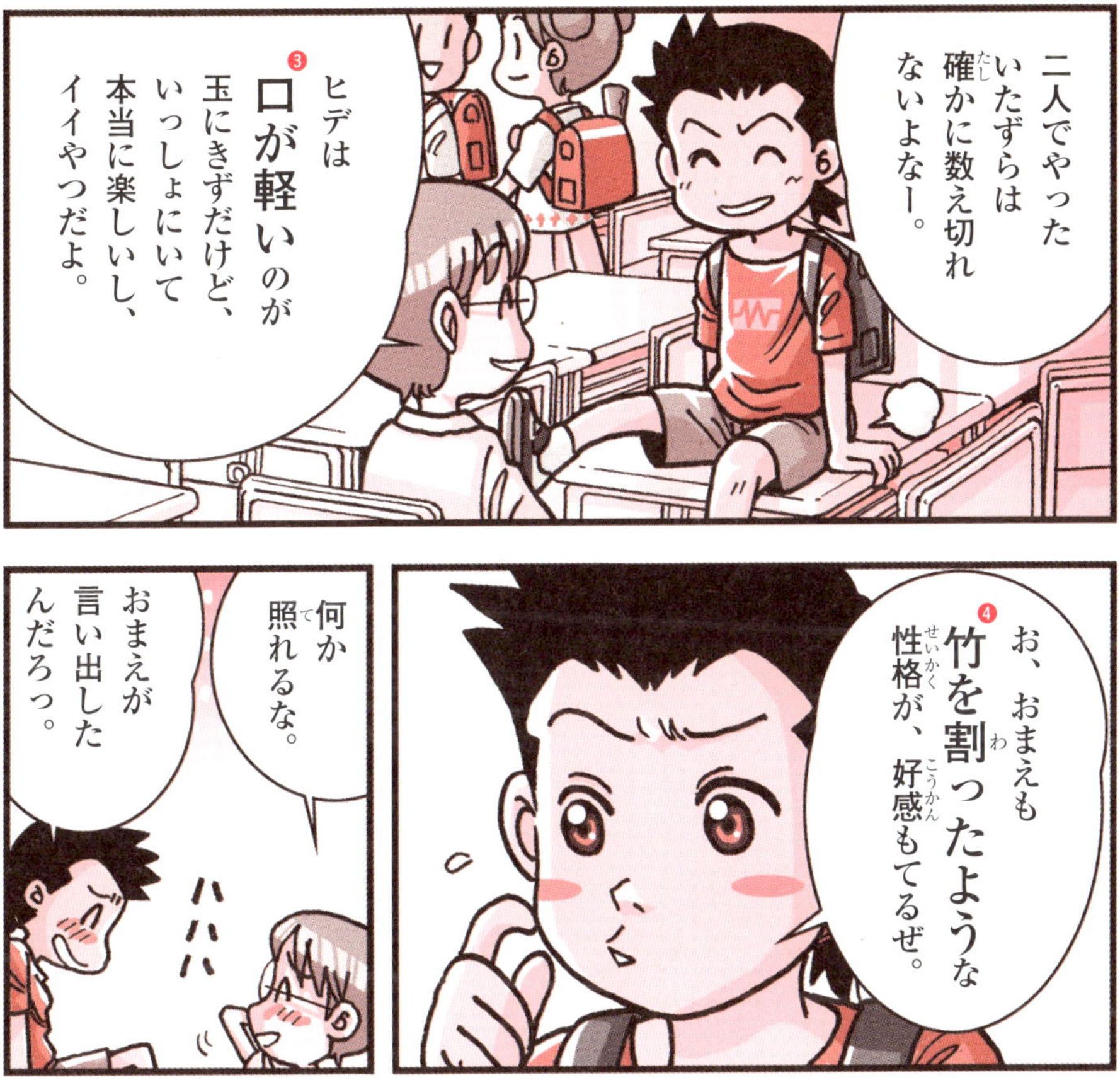

二人でやった
いたずらは
確《たし》かに数え切れ
ないよなー。
ヒデは
③口が軽いのが
玉にきずだけど、
いっしょにいて
本当に楽しいし、
イイやつだよ。
お、おまえも
④竹を割《わ》ったような
性格《せいかく》が、好感《こうかん》もてるぜ。
何か
照《て》れるな。
おまえが
言い出した
んだろっ。
ハハハ

慣用句スピードチェック

①
寝耳《ねみみ》に水《みず》

急に思いがけないことが起こり、非常《ひじょう》におどろくことのたとえ。

②
馬《うま》が合《あ》う

気が合う。気持ちがぴったりと合う。

③
口《くち》が軽《かる》い

（言ってはならないことまで）すぐしゃべる。

使い方　口が軽い人は、周《まわ》りから信用《しんよう》されにくい。

④
竹《たけ》を割《わ》ったよう

性質《せいしつ》がさっぱりしていることのたとえ。

マメ知識

・「馬が合う」：馬とその乗り手の呼吸《こきゅう》が、ぴったり合うという意味。
・「竹を割ったよう」：竹が縦《たて》にすぱっと割れることから。

そう言えば きみは ⑤図に乗りすぎて、よく担任《たんにん》の先生におこられたよね～。
ズモモモモ
授業をまじめに聞かんからい
アハハ
先生の授業すごくわかりづらいんですけど
なに泣いてるんですか？泣いたってなにも状況変わりませんョ
おまえなんて ⑥歯に衣《きぬ》着せぬ物言いで、新任の先生を泣《な》かせたじゃないか。
あと、ずっと忠告《ちゅうこく》したかったんだけど人の ⑦尻馬《しりうま》に乗ってさわぐのは、やめたほうがいいよ。
オーイ またはじまったよー♥
またか
ピリ ピリ
おれからの忠告は、人をばかにしたような言い方はやめとけってことだな。

マメ知識 ・「尻馬に乗る」：他人が乗っている馬の後ろに乗ることを、他人のすることに便乗《びんじょう》する様子にたとえた言葉。

8 何かさっきから角《かど》が立つ言い方だね。
そっちこそやけにからむじゃないか。
ゴゴゴゴゴ
ねえ、あの二人って、本当に仲《なか》がいいの？
ギャーース
まあ、ケンカするほど仲がいいって言うから、いいんじゃない？
たぶん…

慣用句スピードチェック

5 図《ず》に乗《の》る

物事が自分の思うとおりになって、いい気になる。調子に乗る。

6 歯《は》に衣《きぬ》着《き》せぬ

相手の立場や気持ちなどにこだわらず、思っていることを率直《そっちょく》に言う。歯に衣《きぬ》を着せない。

7 尻馬《しりうま》に乗《の》る

よく考えもせず、人のあとについて行動する。

8 角《かど》が立《た》つ

心がいらだち、おだやかでなくなる。ことがあら立つ。

マメ知識 ・「角が立つ」:「角」は、ほかの人とうまく付《つ》き合《あ》えないような性質《せいしつ》のこと。

入試に出る！ その他の慣用句

味《あじ》をしめる

一度うまくいったことが忘《わす》れられず、何度でもそれを期待する。

例文

前回の勝利に**味をしめ**て同じ手を使ったら、今度は負けてしまった。

後味《あとあじ》が悪《わる》い

ある物事は終わったが、何となく気分がさっぱりしない。

例文

あのドラマでは、結局《けっきょく》ほとんどの登場人物が死んでしまい、**後味が悪い**終わり方だった。

相《あい》づちを打《う》つ

よく出る

相手の話に調子を合わせて、うなずいたり、返事をしたりする。

例文

司会者《しかいしゃ》がゲストの話を、**相づちを打ち**ながら真けんに聞いている。

かさに着《き》る

権力者《けんりょくしゃ》などの力を得《え》られるのをよいことにいばる。

例文

かの女《じょ》は父親が理事長であることを**かさに着**て、大きな態度《たいど》をとっている。

肝《きも》をつぶす

ひどくおどろいてうろたえる。

例文

耳もとでとつ然《ぜん》大きな音を鳴らされて、**肝をつぶし**た。

肝《きも》がすわる

落ち着いていて、少しのことではおどろかない。

例文

姉は肝がすわっていて、どんな場面でもあわてることがない。

群《ぐん》をぬく

多くの人の中で非常《ひじょう》にすぐれている。

例文

かれの文章は、群をぬいてよく書けている。

けむに巻《ま》く

相手にかまわずにどんどん話し、相手をとまどわせる。

例文

苦情《くじょう》の電話をかけたが、明確《めいかく》でない説明《せつめい》がえんえんと続《つづ》き、結局けむに巻かれてしまった。

けりがつく

よく出る

終わる。結末《けつまつ》がつく。

例文

長年の論争《ろんそう》にようやくけりがつきそうな様子だ。

しのぎをけずる

相手に負けまいと、激《はげ》しく競争《きょうそう》し合う。

例文

レギュラーの座《ざ》を得ようと、選《せん》手《しゅ》たちはチーム内でしのぎをけずっている。

図《ず》に当《あ》たる

思った通りになって物事がうまくいく。

例文

広告《こうこく》の戦略《せんりゃく》が図に当たり、新商品は大ヒットした。

高《たか》をくくる

たいしたことはあるまいと軽く見る。

例文

今日の宿題はすぐ終わるだろうと高をくくっていたら、夜中までかかった。

慣用句一問一答

答えはそれぞれのページの下

次の文の□にあてはまる漢字一字を書きなさい。

❶ 浜田《はまだ》さんは、□を割《わ》ったような性格《せいかく》で、みんなを引っぱる統率力《とうそつりょく》もある人気者だ。

❷ 厳《きび》しいことを言うと□が立つが、正直な意見を言わなければならない場合もある。

❸ 昨日《きのう》残《のこ》ったごはんを庭にまいておいたら、それに□をしめて、今日もすずめがたくさんやってきた。

❹ 妹は□が軽いので、親へのプレゼントなどないしょの相談はできない。

❺ あの歌手が三日後に学校へ来るなんて寝耳《ねみみ》に□で、はじめに聞いたときは信《しん》じられなかった。

❻ 増田《ますだ》さんの泳ぎの速さは水泳部の中でも□をぬいていて、優勝《ゆうしょう》もねらえるだろう。

❼ 一度「かっこいい」と言われたくらいで□に乗ってはいけない。

❽ 最近《さいきん》テレビによく出ているこの教授《きょうじゅ》は、□に衣《きぬ》着せぬ発言が評判《ひょうばん》だ。

答え ❶竹 ❷角 ❸味 ❹口 ❺水 ❻群 ❼図 ❽歯

次の（　）の意味を表す慣用句《かんようく》になるように、□にあてはまる言葉を後のア～ケから選《えら》び、記号で答えなさい。

❶ □がすわる……（落ち着いていて、少しのことではおどろかない。）

❷ □に巻《ま》く……（相手にかまわずにどんどん話し、相手をとまどわせる。）

❸ □を打つ……（相手の話に調子を合わせて、うなずいたり、返事をしたりする。）

❹ □に乗る……（深く考えず、他人に合わせて行動する。）

❺ □をくくる……（たいしたことはあるまいと軽く見る。）

❻ □に当たる……（思った通りになって物事がうまくいく。）

❼ □が悪い……（ある物事は終わったが、何となく気分がさっぱりしない。）

❽ □に着る……（権力者《けんりょくしゃ》などの力を得《え》られるのをよいことにいばる。）

ア 図　イ けむ　ウ かさ
エ 相づち　オ けり　カ 尻馬《しりうま》
キ 後味　ク 高　ケ 肝《きも》

答え ❶ケ ❷イ ❸エ ❹カ ❺ク ❻ア ❼キ ❽ウ

入試問題にチャレンジ！

▼答えはこのページの下

次の①〜⑤に続《つづ》くことばを下のア〜キの中から選《えら》び、それぞれの記号で答えなさい。またそれによってできた慣用句《かんようく》の意味を後のa〜eの中から選び、それぞれの記号で答えなさい。

〈神奈川学園中〉

① 馬が□（　）

② 顔が□（　）

③ 群《ぐん》を□（　）

④ けりが□（　）

⑤ 図に□（　）

ア　つく	イ　あう
ウ　きく	エ　のる
オ　とる	カ　ぬく
キ　いく	

a　とびぬけてすぐれている	b　調子にのって、いい気になる
c　名が広く知られている	d　物事の決着がつく
e　おたがいの気があう	

答え　①イ・e　②ウ・c　③カ・a　④ア・d　⑤エ・b

9 その他の慣用句《かんようく》

泡《あわ》を食《く》う

雲《くも》をつかむよう

色《いろ》を失《うしな》う

かたずをのむ

一《いっ》ぱい食《く》わす

まるで火《ひ》の消《き》えたようだね。どうしたの？
FREE BIRD
LOVE

まがったことが大きらい
ジャスティスマン
ショ
きゃー
わー
がおー!!
ジャスティスー!!
うう…。
やっぱり映画《えいが》のチケットがない…。
へんね、さっきまであったのに。
❶ふに落ちないなら、もう一度さがしてみなよ。
FREE BIRD
……やっぱりないよ。
元気出せよ!
❷まるで青菜《あおな》に塩《しお》だぞ。
うりうり♫
うん!でも映画見たかったな。

マメ知識 ・「ふに落ちない」:「ふ」は「腑」と書く。「ふに落ちない」の場合は「心」という意味だが、ほかに「内臓《ないぞう》」の意味もある。

ジャスティスキック!!
ジャス
さあ立って！ ❸なみだをのんであきらめようぜ！
わー
ごめんね…。今日一日を❹棒《ぼう》にふっちゃったわ。
そんなことないって！今日はまだ始まったばかりじゃないか！
でも、どこで落としたんだろうね。
ずんっ
のし のし
のっし のっし
ドキ ドキ

慣用句スピードチェック

❶ ふに落《お》ちない

よくわからない。納得《なっとく》がいかない。

❷ 青菜《あおな》に塩《しお》

元気をなくすことのたとえ。

使い方 母にしかられた弟は、すっかり青菜に塩という様子だ。

❸ なみだをのむ

今にも出そうななみだをこらえる。また、非常《ひじょう》につらいことやくやしいことをがまんする。

❹ 棒《ぼう》にふる

（せっかくの努力《どりょく》などを）むだにする。

マメ知識 ・「青菜に塩」：青菜（青い色の野菜《やさい》）に塩をかけるとしおれることから。

のしのし
ねえ、何であの怪獣《かいじゅう》ついてくるんだろう?
うん…
せーのっ
フガッ
にげろっ!!
ウギャーッ
うギャーっ
バターン
やったっコケた!
あれ?何だかつかれて5あごを出してるみたい。
ハァ
ハァ
怪獣《かいじゅう》さん、大丈夫《だいじょうぶ》?
ドキドキ
イデデ…何で二人とも6泡《あわ》を食《く》ってにげたんだ?
ふつうは怪獣に追いかけられたら7色を失《うしな》ってにげるわよ。
わくわく

マメ知識

・「あごを出す」:長時間歩いてつかれたとき、足が動かずに腰《こし》が引け、あごだけが前に出るかっこうになることから。

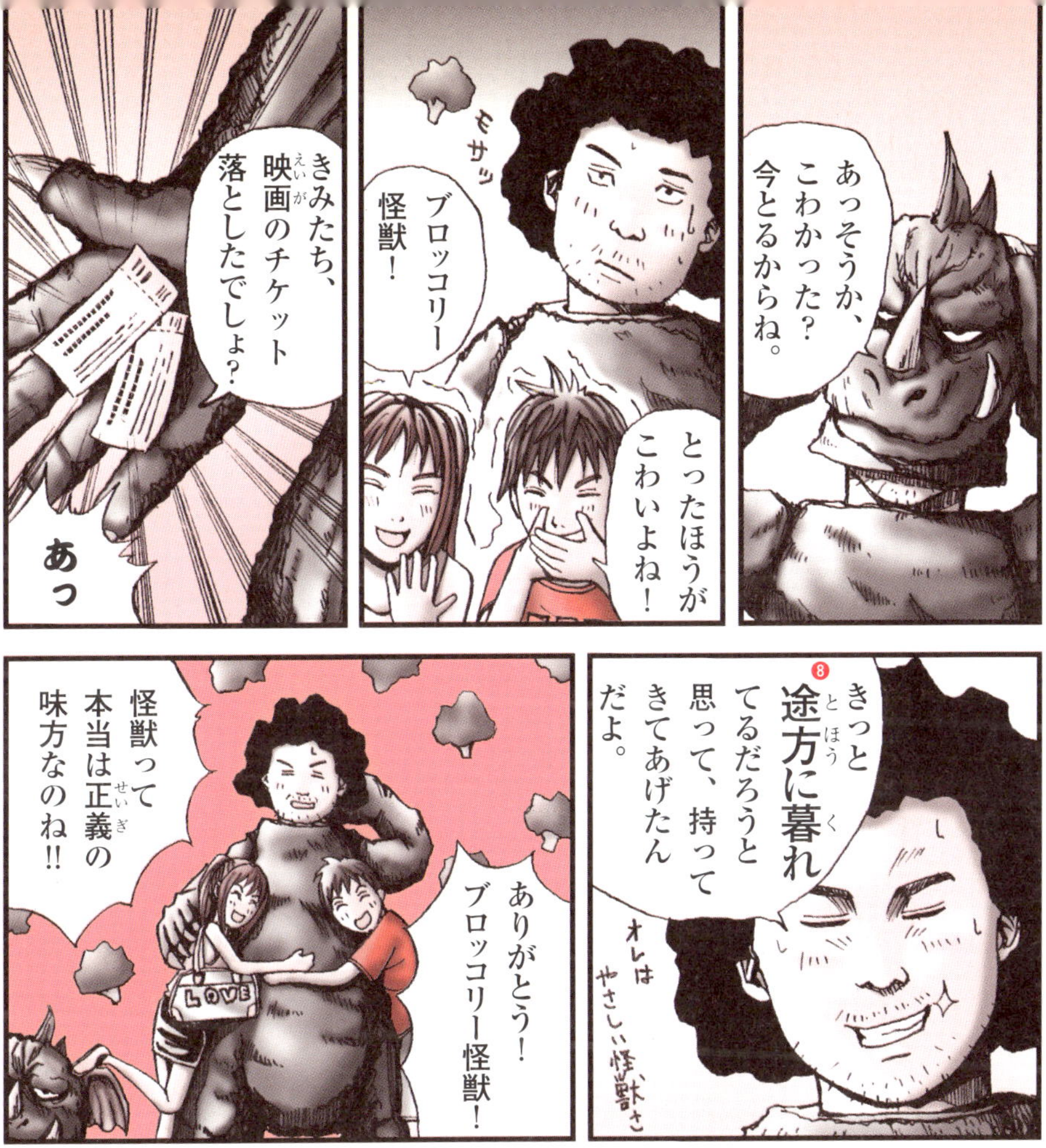

あっそうか、こわかった？今とるからね。
モサッ
ブロッコリー怪獣！
とったほうがこわいよね！
きみたち、映画《えいが》のチケット落としたでしょ？
あっ
8
きっと途方《とほう》に暮《く》れてるだろうと思って、持ってきてあげたんだよ。
オレはやさしい怪獣さ
ありがとう！ブロッコリー怪獣！
怪獣って本当は正義《せいぎ》の味方なのね!!
LOVE

慣用句スピードチェック

5 あごを出《だ》す

ひどくつかれて、どうにもならない。

6 泡《あわ》を食《く》う

おどろきあわてる。

使い方 とつ然《ぜん》の非常《ひじょう》ベルの音に泡を食った。

7 色《いろ》を失《うしな》う

おどろきやおそれなどのため、顔色が青ざめること。

8 途方《とほう》に暮《く》れる

どうしたらよいかわからなくなって、迷《まよ》う。

使い方 財布《さいふ》を落とし、途方に暮れる。

マメ知識 ・「途方に暮れる」：「途方」は「手段《しゅだん》、方法《ほうほう》」という意味。「暮れる」には、「どうしてよいかわからなくなる」という意味もある。

入試に出る！

その他の慣用句

あごで使《つか》う

自分では何もせず、いばった態《たい》度《ど》で人を使う。

例文 年上というだけで、下級生をあごで使っていいはずはない。

油《あぶら》をしぼる

失敗《しっぱい》などを厳《きび》しくしかる。

例文 そうじをさぼっていたのがばれて、こってり油をしぼられた。

一《いっ》ぱい食《く》わす

うまくだます。

例文 旅先で入った店で一ぱい食わされて、にせの絵を買ってしまった。

後《うし》ろ髪《がみ》を引《ひ》かれる

心残《のこ》りがあって、きっぱりと思い切れないたとえ。

例文 試合《しあい》を最後《さいご》まで見たかったが、用事があり後ろ髪を引かれる思いで会場を去った。

お鉢《はち》が回《まわ》る

順番《じゅんばん》が回ってくること。

例文 国語の授業《じゅぎょう》で、とうとう作文発表のお鉢が回ってきた。

かたずをのむ

事の成《な》り行《ゆ》きがどうなるか、はらはらしながら見守る。

例文 ドラマで刑事《けいじ》が犯人《はんにん》を追いつめる様子を、かたずをのんで見守った。

雲《くも》をつかむよう

よく出る

ぼんやりしていて、どんなふうに考えたらよいかわからない様子。

例文

かれは自分の夢《ゆめ》について語ったが、何だか雲をつかむような話だった。

頭角《とうかく》を現《あらわ》す

よく出る

才能《さいのう》のすぐれた面が、周《まわ》りよりひときわ目立ってくる。

例文

あのお笑《わら》いコンビは最近《さいきん》めきめきと頭角を現し、よくテレビで見るようになった。

火《ひ》に油《あぶら》を注《そそ》ぐ

物事の勢《いきお》いをいちだんと激《はげ》しくさせる。

例文

二人がけんかをしているところへ、つい火に油を注ぐようなことを言い事態を悪化させた。

火《ひ》の消《き》えたよう

急に活気がなくなり、さびしくなった様子。

例文

運動会が終わった後の運動場は、火の消えたようだった。

魔《ま》がさす

ふと悪い考えを起こす。

例文

妹の机《つくえ》の上に日記帳があり、つい魔がさして見てしまった。

まくらを高《たか》くする

安心してねむる。安心する。

例文

行方不明《ゆくえふめい》になっていた飼《か》い犬《いぬ》がもどってきて、やっとまくらを高くすることができた。

的《まと》を射《い》る

物事のいちばん大事な点を、正しくとらえる。

例文

コーチはいつも的を射たアドバイスをしてくれる。

慣用句一問一答

答えはそれぞれのページの下

次の□に漢字一字を入れて慣用句《かんようく》を完成《かんせい》させなさい。また、その慣用句の意味を後のア〜カから選《えら》んで、（　）に記号で答えなさい。

❶ 火に□を注ぐ……（　）

❷ 青菜《あおな》に□……（　）

❸ □をつかむよう……（　）

❹ □を射《い》る……（　）

❺ □を失《うしな》う……（　）

❻ □の消えたよう……（　）

ア　物事のいちばん大事な点を、正しくとらえる。

イ　元気をなくしてしょげる様子。

ウ　急に活気がなくなり、さびしくなった様子。

エ　非常《ひじょう》におどろいたりして顔が青ざめる。

オ　物事の勢《いきお》いをいちだんと激《はげ》しくさせる。

カ　ぼんやりしていて、どんなふうに考えたらよいかわからない様子。

答え　❶油・オ　❷塩・イ　❸雲・カ　❹的・ア　❺色・エ　❻火・ウ

次の——の言葉の使い方が正しい文には○を、まちがっている文には×を（　）にかきなさい。

❶ うまいうそで、兄に一ぱい食わす。（　）

❷ 林さんが部活をやめる理由はどうもふに落ちない。（　）

❸ テストで満点《まんてん》を取り、母にかなり油をしぼられた。（　）

❹ 山で道に迷《まよ》い、道を聞ける人がだれも通らず途方《とほう》に暮《く》れる。（　）

❺ 行方《ゆくえ》知れずになっていた犬が、一週間後に頭角を現《あらわ》した。（　）

❻ 頂上《ちょうじょう》までの道は険《けわ》しく、みんな途中《とちゅう》であごを出した。（　）

❼ 今日は朝からお鉢《はち》が回るようないそがしさだった。（　）

❽ 一時間ねぼうしてしまい、泡《あわ》を食って家を出た。（　）

❾ ちょっとした不注意《ふちゅうい》のため、せっかくのチャンスを棒《ぼう》にふる。（　）

❿ その映画《えいが》はとてもおもしろく、後ろ髪《がみ》を引かれる思いで見続《みつづ》けた。（　）

⓫ たった一ゴールの差《さ》で優勝《ゆうしょう》をのがし、なみだをのんだ。（　）

⓬ 大切な腕時計《うでどけい》を傷《きず》つけないよう、あごで使う。（　）

答え ❶○ ❷○ ❸× ❹○ ❺× ❻○ ❼× ❽○ ❾○ ❿× ⓫○ ⓬×

入試問題にチャレンジ！

▼答えはこのページの下

次の①～③の文に最《もっと》もよくあてはまる語句《ごく》をア～オの中からそれぞれ一つずつ選《えら》び、記号で答えなさい。

〈昭和女子大学附属昭和中〉

① 駅で八時に待ち合わせをしたのに、一時間たっても来ないのでいらいらしてきました。（　）

② 和子さんはコンクールに出品して、最高《さいこう》の賞《しょう》をもらった。（　）

③ 昭子さんは友人の言いそこなった発言につけこんで、こうげきした。（　）

ア　わき目もふらず　　イ　あげ足をとる
ウ　しびれをきらす　　エ　頭角《とうかく》をあらわす
オ　手を焼《や》く

答え　①ウ　②エ　③イ

10 その他の慣《かん》用《よう》句《く》

心《こころ》がさわぐ

取《と》りつく島《しま》もない

後《あと》の祭《まつ》り

我《われ》を忘《わす》れる

音《ね》を上《あ》げる

心《こころ》をうばわれるような、すてきなドレス〜〜〜！

はぁ〜〜〜 すてきなドレス…
わたしもこんなウェディングドレスを着て、かわいいおよめさんになりたいなあ…。
あの子また あのドレスを見に来てるわ。まさに❶心をうばわれたって感じね。
ほんと、よっぽど気に入ってくれたのねー。
あんなドレスを着るのは女の子の夢《ゆめ》だもんね。❷くぎ付《づ》けになるのも無理《むり》はないわ。

マメ知識 ・「くぎ付け」：くぎを打って、ものが動かないように固定《こてい》することから。

やっぱりこのドレスがいいんじゃないかい？
さっき見たのもいいけど、こっちのほうが、もっとキミに似合《にあ》いそうだよ。
…。
ホントね！やっぱりこれがどうしても③目を引くけど……
でも高すぎるわよ～。
何言ってるの。一生に一度の結婚式《けっこんしき》だよ。④金《かね》に糸目をつけないさっ。
かっこいいこと言っちゃって～。
あわわ…
たっ大変《たいへん》！
このままじゃあのドレスが買われちゃう！なんとかしなくちゃ!!
たたたっ たっ

慣用句スピードチェック

❶ **心《こころ》をうばわれる**
心がひきつけられる。夢中《むちゅう》になる。

❷ **くぎ付《づ》け**
ある場所から動けないようにすること。
使い方 その風景《ふうけい》があまりに美しかったので、みんなそこにくぎ付けになった。

❸ **目《め》を引《ひ》く**
人の注意を引きつける。

❹ **金《かね》に糸目《いとめ》をつけない**
目的《もくてき》のために、お金をおしげもなく使う様子。

マメ知識▶ ・「金に糸目をつけない」:「糸目」は、たこをあげるとき、つり合いをとるためたこの表面につける糸のこと。糸目をつけないたこがふっ飛《と》んでいくようにお金を使う、という意味。

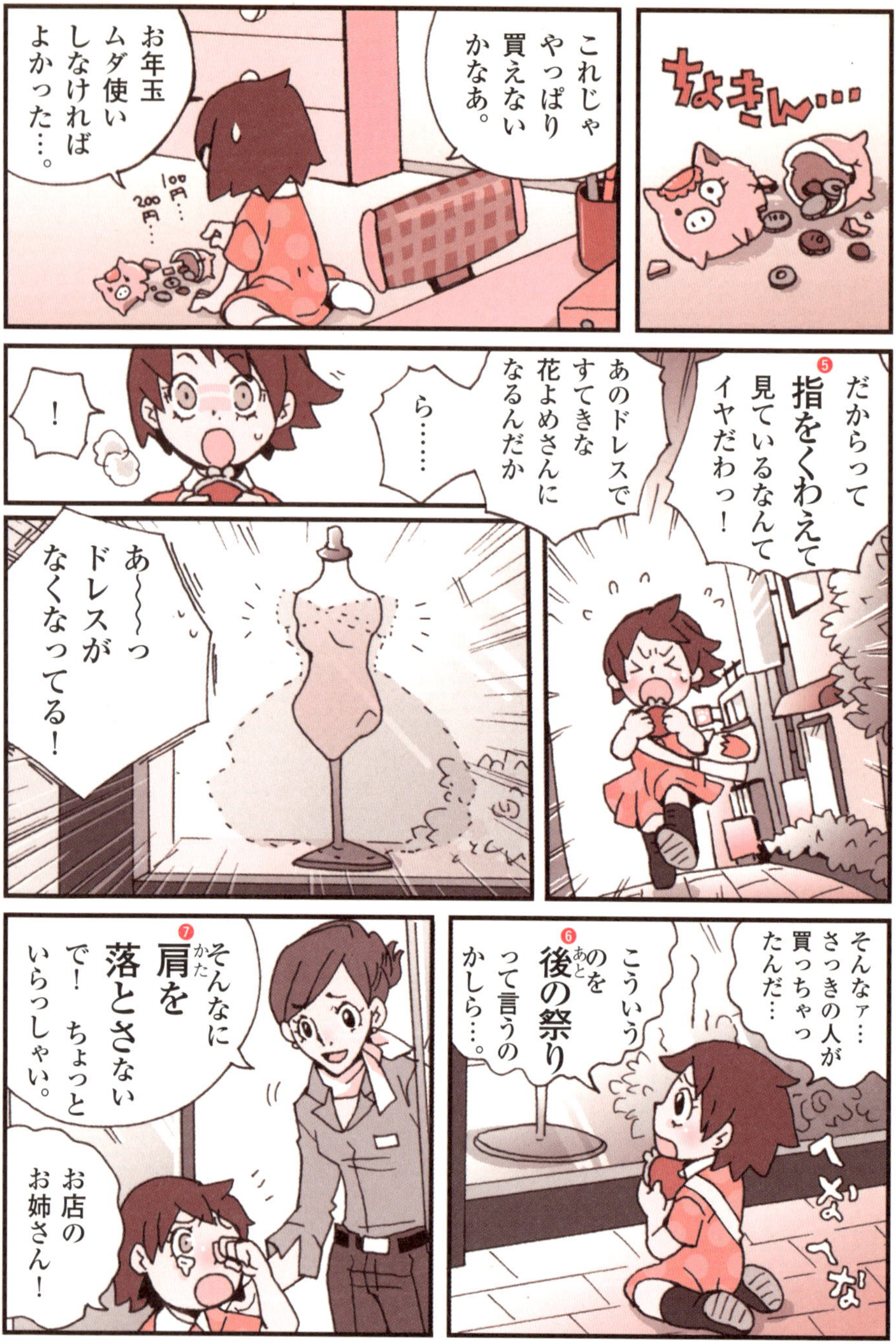
ちょきん…
これじゃやっぱり買えないかなあ。
100円…
200円…
お年玉ムダ使いしなければよかった…。
だからって[5]指をくわえて見ているなんてイヤだわっ!
あのドレスですてきな花よめさんになるんだか
ら……
!
あ～～～っドレスがなくなってる!
そんなァ…さっきの人が買っちゃったんだ…
こういうのを[6]後《あと》の祭りって言うのかしら…。
へなへな
そんなに[7]肩《かた》を落とさないで! ちょっといらっしゃい。
お店のお姉さん!

マメ知識 ・「後の祭り」：祭りの終わったあとの山車《だし》（祭りのときに出る、きれいにかざった車）が役に立たないことから。

ホラ！
あっ!!
あのドレス!!売れちゃったんじゃなかったの。
よかった〜！
いつもあなたが熱心《ねっしん》に見てるから
わたしまでこのドレスが売れないとほっと⑧胸《むね》をなで下ろすようになって…。
このドレスはご予約《よやく》ってことにするわ。
大きくなってすてきな人に出会えたらまたいらっしゃい！
ありがとう、お姉さん！

慣用句スピードチェック

⑤ 指《ゆび》をくわえる

ほしいけれども手が出せず、むなしくながめていることのたとえ。

⑥ 後《あと》の祭《まつ》り

すんでしまって、もうどうにもならないこと。

⑦ 肩《かた》を落《お》とす

かたの力がぬけて、両方のうでが垂《た》れ下《さ》がる意味で、がっかりしたり気力を失《うしな》ったりする様子。

⑧ 胸《むね》をなで下《お》ろす

心配なことがなくなって、ほっとひと安心する。

入試に出る！ その他の慣用句

糸《いと》を引《ひ》く

かげでこっそりあやつり、自分の思い通りに人を動かす。

例文 あの銀行強盗事件《ごうとうじけん》には、かげで糸を引いていた人物がいるらしい。

うつつをぬかす

ほかのことには見向きもしないくらい、あることに夢中《むちゅう》になる。

例文 夏休みの宿題がたくさん残《のこ》っていて、ゲームにうつつをぬかしている場合じゃない。

おくびにも出《だ》さない

よく出る

考えを口にしないで心の中にかくし、表に出さない。

例文 お化けやしきに入りこわかったが、そんなことはおくびにも出さなかった。

かまをかける

相手に本当のことを言わせるよう、うまくさそいかける。

例文 記者は取材《しゅざい》相手にかまをかけて、かくされていたことをうまく聞き出すことがある。

心《こころ》がさわぐ

心配事や悪い予感などのために、不安《ふあん》で胸《むね》がどきどきする。

例文 友だちとなかなか連《れん》らくが取れず、何かあったのではないかと心がさわぐ。

食指《しょくし》が動《うご》く

あることをしてみようという気持ちになる。

例文 おもしろそうな事業の計画を持ちかけられ、食指が動く。

せきを切《き》る

おさえられ、止められていたものが、一度に激《はげ》しく現《あらわ》れる。

例文 子どもの無事《ぶじ》を知り、母親は**せきを切った**ように泣《な》き出した。

取《と》りつく島《しま》もない

相手の態度《たいど》が厳《きび》しく、話しかけたりするきっかけがない。

例文 兄はわたしの言葉にすっかりおこってしまい、**取りつく島もない**。

二《に》の舞《まい》をふむ

同じ失敗《しっぱい》をくり返す。「二の舞を演《えん》ずる」とも言う。

例文 包丁《ほうちょう》でけがをした姉の**二の舞をふま**ないように、気をつける。

音《ね》を上《あ》げる

たえられなくて、へこたれる。

例文 厳しい練習が続《つづ》いていたが、みんな**音を上げ**ずにがんばった。

一《ひと》はだぬぐ

人を助けるために、本気になって力を貸《か》す。

例文 試合《しあい》があるのに人数が足りないという野球部のために、**一はだぬい**で出場した。

我《われ》を忘《わす》れる

よく出る

あることに夢中になって、ほかのことがわからなくなる。

例文 テレビに好《す》きなタレントが出ていると、**我を忘れ**て見入ってしまう。

慣用句一問一答

▼答えはそれぞれのページの下

次の文の［　　］にあてはまる言葉を後のア～クから選《えら》び、記号で答えなさい。

❶ 落とした財布《さいふ》が見つかり、ほっと胸《むね》を［　　］。

❷ 作文コンクールの最優秀賞《さいゆうしゅうしょう》の賞品が海外旅行と聞き、食指《しょくし》が［　　］。

❸ 目の前に広がる美しい景色《けしき》に我《われ》を［　　］。

❹ 不合格《ふごうかく》の知らせを聞き、肩《かた》を［　　］。

❺ 一連《いちれん》のゆうかい事件《じけん》には、裏《うら》で糸を［　　］人物がいるはずだ。

❻ ペットショップで見た子犬に、一目で心を［　　］。

❼ あまりにつらい修行《しゅぎょう》に音《ね》を［　　］。

ア 引く　イ 忘《わす》れる　ウ あやつる　エ 落とす
オ うばわれる　カ 上げる　キ 動く　ク なで下ろす

答え ❶ク ❷キ ❸イ ❹エ ❺ア ❻オ ❼カ

次の文に合う慣用句《かんようく》はア・イのどちらですか。記号で答えなさい。

❶ 人気のコンサートに行きたいという母のために、｛ア 一はだぬいで／イ うつつをぬかして｝知人からチケットをゆずってもらった。

❷ その話にはおどろいたが、わたしはそのことを｛ア 取りつく島もなかった／イ おくびにも出さなかった｝。

❸ 昔住んでいた場所がテレビに映《うつ》り、なつかしくて｛ア 二《に》の舞《まい》をふんだ／イ くぎ付《づ》けになった｝。

❹ 真夜中に電話が鳴り、｛ア 心がさわぐ／イ せきを切る｝。

❺ 夏休みの間遊んでばかりで、今さらあわてて宿題を始めても｛ア 後の祭り／イ 青菜《あおな》に塩《しお》｝だ。

❻ かぜ気味でプールに入れず、みんなが泳ぐのを｛ア かまをかけて／イ 指をくわえて｝見ていた。

答え ❶ア ❷イ ❸イ ❹ア ❺ア ❻イ

入試問題にチャレンジ！

▼答えはこのページの下

次の①〜⑩の慣用句《かんようく》を漢字二字の熟語《じゅくご》であらわすとどうなりますか。例《れい》にならい、漢字一字をおぎなって、完成《かんせい》させなさい。

〈武蔵工業大学付属中〉

（例）手を入れる＝修□　（答）＝正

① 足が出る＝□字

② おくびにもださない＝秘□

③ 我《われ》を忘《わす》れる＝夢□

④ 胸《むね》をなでおろす＝□心

⑤ 骨《ほね》が折《お》れる＝□難

⑥ 虫が知らせる＝予□

⑦ 頭が下がる＝敬□

⑧ かぶとをぬぐ＝□参

⑨ 顔が売れる＝□名

⑩ 尻馬《しりうま》に乗る＝同□

答え　①赤　②密　③中　④安　⑤困　⑥感　⑦服　⑧降　⑨有（著）　⑩調

11 動物に関係《かんけい》することわざ

月《つき》とすっぽん

えびでたいを釣《つ》る

馬《うま》の耳《みみ》に念《ねん》仏《ぶつ》

犬《いぬ》も歩《ある》けば棒《ぼう》に当《あ》たる

うの目《め》たかの目《め》

勝ったらモテモテだァ…!!
くっくっく…
捕《と》らぬたぬきの皮算用《かわざんよう》だな。

なんだ!?
あのヒョロヒョロ、おれと比《くら》べりゃ❶月とすっぽんだ。楽勝だぜ!
ワ
ワ
ワ
フレ〜フレ〜
今日もたくさんの応援《おうえん》、ありがとね!
これで勝ち続《つづ》ければ女の子たちにモテモテだ〜。
エヘヘ…
こらー! 油断《ゆだん》するな!
❷一寸《いっすん》の虫にも五分《ごぶ》の魂《たましい》と言うからな!

マメ知識
- 「月とすっぽん」:「ちょうちんにつり鐘《がね》」や「雲泥《うんでい》の差《さ》」は、似《に》た意味の言葉。
- 「一寸の虫にも五分の魂」:一寸は約《やく》３㎝、五分は約1.5㎝。

先輩《せんぱい》、何も聞こえてないみたいですよ。
これじゃ③馬の耳に念仏《ねんぶつ》ですね。
どうせまた、勝たないうちから④捕《と》らぬたぬきの皮算用《かわざんよう》でもしてるんだろう。
始めー!!
ぐわし

ことわざスピードチェック

①
月《つき》とすっぽん
二つのもののちがいがはなはだしいことのたとえ。

②
一寸《いっすん》の虫《むし》にも五分《ごぶ》の魂《たましい》
どんなに小さくて弱いものにも、それぞれの意地や考えがあって、軽く見ることはできないということのたとえ。

③
馬《うま》の耳《みみ》に念仏《ねんぶつ》
いくら注意されても、少しも聞き入れようとしない様子。

④
捕《と》らぬたぬきの皮算用《かわざんよう》
まだ手にしていないうちから、あれこれ当てにして計画すること。

マメ知識 ・「捕らぬたぬきの皮算用」：つかまえてもいないたぬきの皮を、いくらで売ろうかと計算することから。

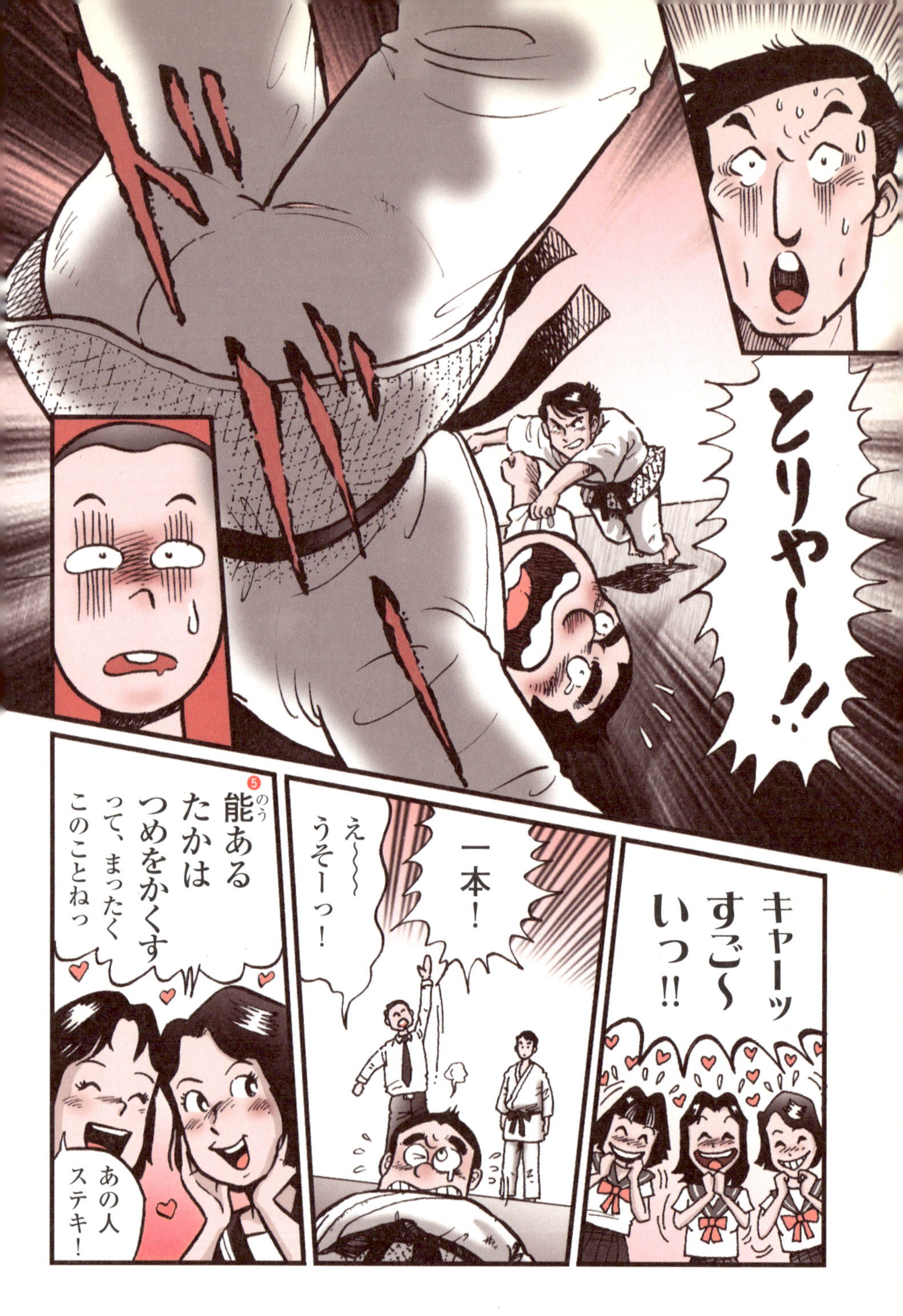
ドッ
とりゃー!!
キャーッ すご〜 いっ!!
一本!
え〜〜 うそーっ!
⑤能《のう》ある たかは つめをかくす って、まったく このことねっ
あの人 ステキ!

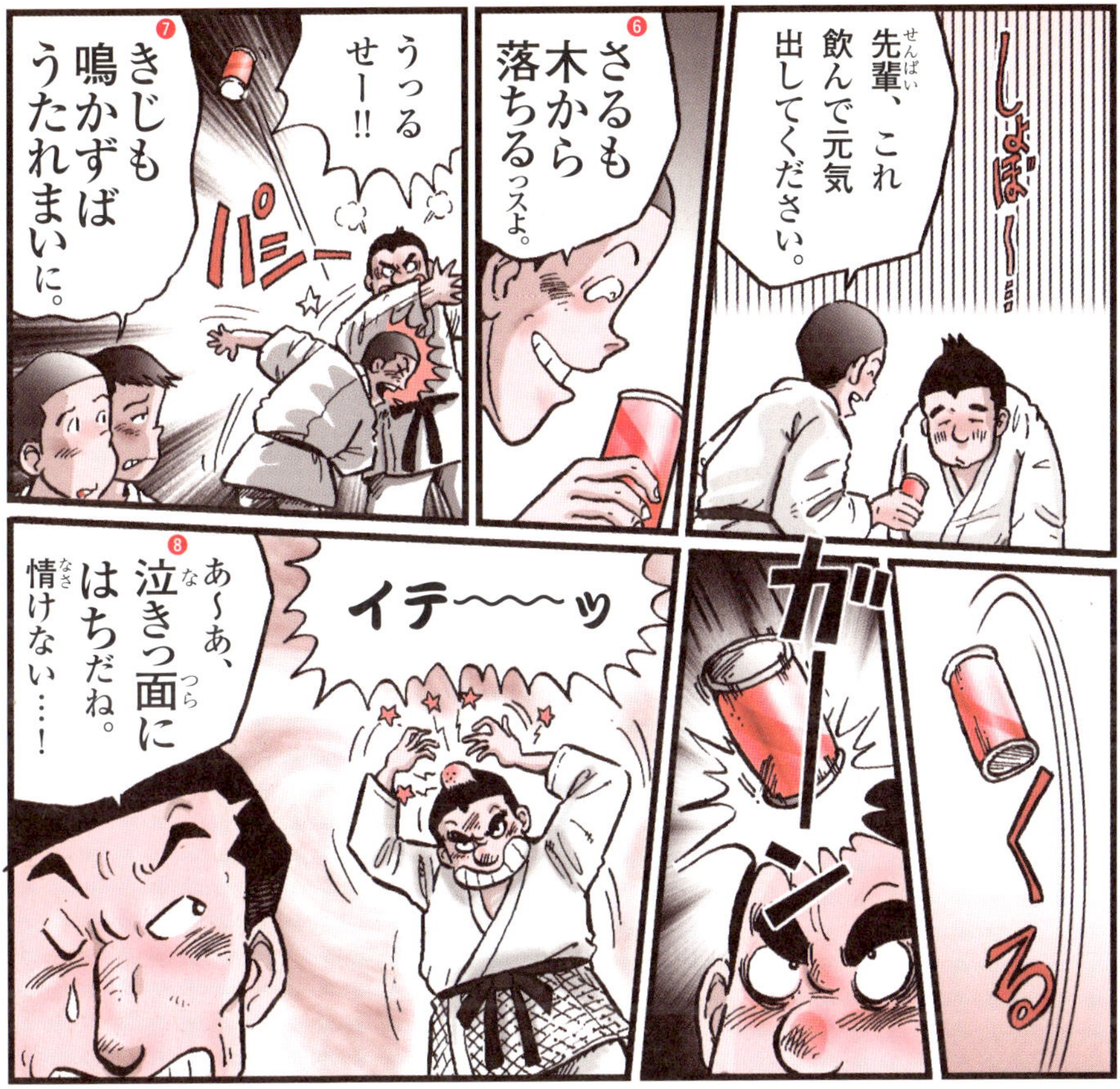
しょぼ〜…
先輩《せんぱい》、これ飲んで元気出してください。
⑥さるも木から落ちるっスよ。
うっるせー!!
パシー
⑦きじも鳴かずばうたれまいに。
くる
ガーン
イテ〜〜〜ッ
あ〜あ、⑧泣《な》きっ面《つら》にはちだね。
情《なさ》けない…!

ことわざスピードチェック

⑤ 能《のう》あるたかはつめをかくす

本当にすぐれた才能のある人は、むやみにそれをひけらかさないということのたとえ。

⑥ さるも木《き》から落《お》ちる

どんな名人でも失敗《しっぱい》することがあるというたとえ。

⑦ きじも鳴《な》かずばうたれまい

余計《よけい》なことを言わなければ、わざわいを招《まね》かなくてすむことのたとえ。

⑧ 泣《な》きっ面《つら》にはち

苦しんでいる人に、さらに心配事や苦しみが重なること。泣き面にはち。

マメ知識▶ ・「きじも鳴かずばうたれまい」：きじも鳴かなかったら居場所《いばしょ》を知られずにすみ、うたれなかったのに、という意味。「口はわざわいのもと」は似た意味の言葉。

入試に出る！ 動物に関係《かんけい》する ことわざ

あぶはち取《と》らず

よく出る

二つのものを一度に得《え》ようとして、どちらも得られないことのたとえ。

例文

バイオリンとギターの腕《うで》を上げようと練習したものの、あぶはち取らずに終わってしまった。

犬《いぬ》も歩《ある》けば棒《ぼう》に当《あ》たる

よく出る

①出歩いていれば、思いがけない幸運に出会う。
②出しゃばると思いがけないわざわいを受ける。

例文

犬も歩けば棒に当たるというが、旅行に出てみたら、長年会っていなかった友人にぐう然《ぜん》会った。

うの目《め》たかの目《め》

何かをさがし出そうとして、するどい目つきで辺《あた》りを見回す様子。

例文

バーゲンセールでほり出し物を見つけようと、みんなうの目たかの目で商品を手に取っている。

えびでたいを釣《つ》る

わずかな努力《どりょく》や元手で大もうけをすること。えびたい。

例文

一枚《いちまい》だけ買った宝《たから》くじが大当たりした。えびでたいを釣るとはこのことだ。

かめの甲《こう》より年《とし》の功《こう》

よく出る

長い間の経験《けいけん》で身につけたものは尊《とうと》いものだということ。

例文

家族みんなが祖父《そふ》のアドバイスによく助けられている。やはりかめの甲より年の功だ。

木《き》によりて魚《うお》を求《もと》む

方法《ほうほう》や手段《しゅだん》がまちがっているため、目的《もくてき》を達《たっ》することができない。

例文

機械《きかい》が苦手なわたしにパソコンのことを聞くなんて、木によりて魚を求むというものだ。

すずめ百《ひゃく》まで踊《おど》り忘《わす》れず

幼《おさな》いころに身につけた習慣《しゅうかん》は年をとっても変《か》わらない。

例文

子どものころバレエを習っていた母は、いつも姿勢《しせい》が良い。すずめ百まで踊り忘れずだ。

立《た》つ鳥《とり》跡《あと》をにごさず

よく出る

人がある所を立ち去るとき、見苦しくないようにきれいに始末《しまつ》していくこと。

例文

春休みに入る前に、立つ鳥跡をにごさずだと、一年間使ってきた教室をきれいにそうじした。

とらの威《い》を借《か》るきつね

力のない者が、強い者の力をたより、そのかげにかくれていばること。

例文

生徒《せいと》会長の弟だというだけでいばっているなんて、まるでとらの威を借るきつねだ。

ねこに小判《こばん》

よく出る

どんなに値《ね》打《う》ちのあるものでも、わからない者には役に立たないこと。

例文

せっかくオーケストラの生演奏《なまえんそう》を聞きに行っても、その良さがわからないのでは、ねこに小判だ。

類 ぶたに真珠《しんじゅ》

やぶをついてへびを出《だ》す

余計《よけい》なことをして、かえってわざわいを招《まね》いたり、苦労《くろう》をしたりすること。やぶへび。

例文

はげましのつもりで言った言葉が逆《ぎゃく》に相手をおこらせて、やぶをついてへびを出す結果となった。

ことわざ一問一答

▼答えはそれぞれのページの下

次の文に合うことわざを後のア～カから選《えら》び、記号で答えなさい。

❶ 昔テニスをやっていた祖母《そぼ》は、今でもテニスがうまい。（　）

❷ 宝《たから》くじに当たったつもりで、世界一周《いっしゅう》旅行の計画について話し合う。（　）

❸ 公園でお弁当《べんとう》を食べた後、ごみはきちんと持ち帰った。（　）

❹ 同じ曲でも、アマチュアバンドとプロとではやはり演奏《えんそう》が全然《ぜんぜん》ちがう。（　）

❺ 名画をプレゼントしたが、かれには落書きにしか見えないらしい。（　）

❻ お皿を数枚《すうまい》洗《あら》っただけでおこづかいをたくさんもらった。（　）

ア　ねこに小判《こばん》
イ　立つ鳥跡《あと》をにごさず
ウ　えびでたいを釣《つ》る
エ　すずめ百まで踊《おど》り忘《わす》れず
オ　月とすっぽん
カ　捕《と》らぬたぬきの皮算用《かわざんよう》

答え　❶エ　❷カ　❸イ　❹オ　❺ア　❻ウ

次の意味を表すことわざを後のア～クから選び、記号で答えなさい。

❶ 出歩いていれば、思いがけない幸運に出会う。（　）

❷ どんなに助言や忠告《ちゅうこく》をしても、まったく効《き》きめがないこと。（　）

❸ 力のない者が、強い者の力にたよっていばること。（　）

❹ 余計《よけい》なことを言わなければ、災難《さいなん》にあうこともない。（　）

❺ 方法《ほうほう》や手段《しゅだん》がまちがっているため、目的《もくてき》が達成《たっせい》できない。（　）

❻ どんな名人でも失敗《しっぱい》することがあるというたとえ。（　）

❼ 良《よ》くないことやいやなことが重なって起こること。（　）

❽ 能力《のうりょく》のある人は、人前でひけらかしたりしない。（　）

ア　とらの威《い》を借《か》るきつね
イ　さるも木から落ちる
ウ　能《のう》あるたかはつめをかくす
エ　犬も歩けば棒《ぼう》に当たる
オ　木によりて魚《うお》を求《もと》む
カ　泣《な》きっ面《つら》にはち
キ　きじも鳴かずばうたれまい
ク　馬の耳に念仏《ねんぶつ》

答え　❶エ　❷ク　❸ア　❹キ　❺オ　❻イ　❼カ　❽ウ

入試問題にチャレンジ！

▼答えはこのページの下

次の（　）にもっともふさわしい動物を語群《ごぐん》から選《えら》び、記号で答えなさい。

〈山脇学園中〉

①（　）も歩けば棒《ぼう》に当たる
②（　）に真珠《しんじゅ》
③（　）の耳に念仏《ねんぶつ》
④とらぬ（　）の皮算用
⑤（　）の手も借《か》りたい
⑥（　）も鳴かずばうたれまい
⑦やぶをつついて（　）を出す
⑧（　）にひかれて善光寺《ぜんこうじ》参《まい》り
⑨（　）百まで踊《おど》りわすれず
⑩（　）も木から落ちる

ア　すずめ	イ　犬
ウ　へび	エ　さる
オ　たぬき	カ　ねこ
キ　馬	ク　きじ
ケ　牛	コ　ぶた

答え　①イ　②コ　③キ　④オ　⑤カ　⑥ク　⑦ウ　⑧ケ　⑨ア　⑩エ

12 体に関《かん》係《けい》することわざ

鬼《おに》の目《め》にも涙《なみだ》

身《み》から出《で》たさび

背《せ》に腹《はら》はかえられない

口《くち》はわざわいのもと

仏《ほとけ》の顔《かお》も三《さん》度《ど》

ぬれ手《て》で粟《あわ》のボロもうけだぜっ！

ラッキー！宝《たから》くじが当たって大金持ちだ！
ブラボー
❶わ～すごいね！ぬれ手で粟《あわ》じゃないの～。
でも、お金は上手に利用《りよう》しないとすぐなくなるから、ムダづかいはダメよ。
気分いいときにいちいち口うるさいなァ。
❷良薬《りょうやく》は口に苦《にが》しって言うでしょ。も～～聞いてる!?
わかったわかった。

マメ知識▶ ・「ぬれ手で粟」:「粟《あわ》」は、稲《いね》の仲間《なかま》の穀物《こくもつ》。実は小さくて黄色い。ぬれた手で粟をつかむと簡単《かんたん》にたくさんつかめることから。

な～んてね。このお金を元手に株《かぶ》を大量《たいりょう》に買いまくって、
ウッシッシ
もうけたお金はリゾート開発につぎこもう。
あらら。またずいぶんずさんな計画でお金を使う気ね。
何度も注意したのに③のれんに腕押《うでお》しで…。
大人買いじゃ――
ワハハハハ
しょせん④絵にかいたもちよ。ま、そのうち痛《いた》い目見るでしょ。

ことわざスピードチェック

①**ぬれ手《て》で粟《あわ》**
苦労《くろう》しないでたくさんもうけることのたとえ。

②**良薬《りょうやく》は口《くち》に苦《にが》し**
よく効《き》く薬は苦くて飲みにくいように、他人から受ける忠《ちゅう》告《こく》は聞きづらいが、ためになるというたとえ。

③**のれんに腕押《うでお》し**
いくら力を入れても手ごたえのないことのたとえ。

④*****絵《え》にかいたもち**
絵にえがかれたもちは、見るだけで食べられないことから、計画や想像《そうぞう》だけで、実現《じつげん》の可能性《かのうせい》がないことのたとえ。

*は、体に関係《かんけい》することわざではありません。

マメ知識▶ ・「のれんに腕押し」:「のれん」は、店の名などを染《そ》めてのきに垂《た》らしてある布《ぬの》のこと。「ぬかにくぎ」や「豆腐《とうふ》にかすがい」は、似《に》た意味のことわざ。

株価《かぶか》大暴落《だいぼうらく》
素人《しろうと》が安易《あんい》に手を出すから…
ほらね
しくしく
やっぱりオレがまちがってたよ。レナの言うとおりお金はもっと上手に利用《りよう》すべきだった。
ガバッ
ううん…わかってくれればいいの。少しだけど、わたしのお金貸《か》してあげる。
うう…5地獄《じごく》で仏《ほとけ》だ〜。
私はかさない
借《か》りたお金は必《かなら》ず倍にして返してやるからな！
ダーッ
ああっこりてないっ!?

マメ知識
・「のど元過ぎれば熱さを忘れる」：どんなに熱いものを飲んでも、のどの辺《あた》りを過ぎてしまえばその熱さをけろりと忘れてしまうことから。

⑥のど元過《す》ぎれば熱《あつ》さを忘《わす》れるってね。
また同じことのくり返しじゃない？
別《べつ》にいいけど。
アハハ
だ、大丈夫《だいじょうぶ》。
さっきの失敗《しっぱい》でしんちょうになってると思う…
じゃ〜 またお金がなくなった〜
から…
うう…負けました。何で勝てないんじゃー!!
ガクッ
⑦身から出たさびよ。もっと頭を使いなさい。
ボードゲームしただけなのに将来《しょうらい》が不安《ふあん》になってきた…。

ことわざスピードチェック

⑤* **地獄《じごく》で仏《ほとけ》**

危《あぶ》ない目にあっているときや困《こま》っているときに、思いがけない助けを受けることのたとえ。地獄で仏に会う。地獄で仏に会ったよう。

⑥ **のど元《もと》過《す》ぎれば熱《あつ》さを忘《わす》れる**

苦しいことでも、過ぎてしまえば、その苦しさをすぐ忘れてしまうというたとえ。

⑦ **身《み》から出《で》たさび**

自分がした悪い行いのために、あとで自分が苦しむことのたとえ。

*は、体に関係《かんけい》することわざではありません。

マメ知識▶ 「身から出たさび」:「身」は、刀身《とうしん》のこと。刀の手入れをおこたることでさびが生じ、やがて刀全体が変質《へんしつ》していくことから。

入試に出る！ 体に関係《かんけい》する ことわざ

頭《あたま》かくしてしりかくさず

悪事や欠点《けってん》などの一部分をかくして、全部をかくしたつもりになっていること。

例文 まんが本をうまくかくしたつもりだったが、表紙のはしが見えていた。頭かくしてしりかくさずだ。

あばたもえくぼ

好《す》きになればその人の欠点までも好《この》ましく見えてくること。

例文 あばたもえくぼというが、かの女《じょ》にはボーイフレンドのがさつなところが男らしく見えるらしい。

鬼《おに》の目《め》にも涙《なみだ》

どんなに冷《つめ》たい人でも、ときには情《なさ》けを感じてやさしさを見せることがある。

例文 いつも人に厳《きび》しい態度《たいど》でいる野村さんが、捨《す》てられた子犬をかわいがっていた。鬼の目にも涙だ。

けがの功名《こうみょう》

失敗《しっぱい》が、かえって成功《せいこう》の原因《げんいん》になること。

例文 道をまちがえてしまったが、けがの功名ですてきなレストランを見つけた。

口《くち》はわざわいのもと

うかつなことを言うと、不幸《ふこう》のもとになる。

例文　調子に乗ってしゃべりすぎ、友だちの秘密《ひみつ》をばらしてしまった。口はわざわいのもとだ。

類　きじも鳴《な》かずばうたれまい

上手《じょうず》の手《て》から水《みず》がもれる

どんなに上手な人でも、ときには失敗することがある。

例文　ベテラン選手《せんしゅ》がチャンスでシュートを外した。上手の手から水がもれるとはこのことだ。

類　さるも木《き》から落《お》ちる・弘法《こうぼう》にも筆《ふで》のあやまり

背《せ》に腹《はら》はかえられない

差《さ》しせまった大事なことのためには、ほかのものを失《うしな》ってもしかたがない。

例文　子どもがおぼれているのを見つけ、背に腹はかえられないと、晴れ着のまま川に飛《と》びこんだ。

仏《ほとけ》の顔《かお》も三度《さんど》

よく出る

どんなに温和な人でも、無礼《ぶれい》なことを何度もされればおこり出す。

例文　悪気がないとは言え、こう何度もからかわれてはたまらない。仏の顔も三度だ。

目《め》は口《くち》ほどに物《もの》を言《い》う

思いのこめられた目には、言葉以上《いじょう》にその人の気持ちが表れているものだ。

例文　姉はケーキを食べていないと言ったが、目は口ほどに物を言うで、すぐにうそだとわかった。

ことわざ一問一答

▼答えはそれぞれのページの下

次の□に体の一部を表す言葉を入れてことわざを完成《かんせい》させなさい。また、そのことわざの意味を後のア～オから選《えら》び、（　）に記号で答えなさい。

❶ □元過《す》ぎれば熱《あつ》さを忘《わす》れる（　）

❷ □はわざわいのもと（　）

❸ ぬれ□で粟《あわ》（　）

❹ のれんに□押《お》し（　）

❺ 仏《ほとけ》の□も三度（　）

ア　熱心《ねっしん》にはたらきかけても、反応《はんのう》がないこと。

イ　どんなに温和な人でも、無礼《ぶれい》なことを何度もされればおこり出す。

ウ　何の苦労《くろう》もしないで、利益《りえき》を上げること。

エ　苦しいことも、過ぎ去ってしまえばけろりと忘れてしまう。

オ　うかつなことを言うと、不幸《ふこう》のもとになる。

答え　❶のど・エ　❷口・オ　❸手・ウ　❹腕(うで)・ア　❺顔・イ

次の文の（　）にあてはまることわざを後のア～クから選び、記号で答えなさい。

❶（　）というが、いつもはこわい監督《かんとく》がけがをした選手《せんしゅ》にはやさしかった。

❷コーチの注意は厳《きび》しかったが、（　）と思って聞いていた。

❸せっかく立てた夏休みの目標《もくひょう》が（　）にならないよう、がんばろう。

❹砂糖《さとう》とまちがって塩《しお》を使ったが、（　）でかえっておいしい料理《りょうり》ができた。

❺（　）で、何も言わなくても弟はあの子が好《す》きなのだとすぐにわかった。

❻だれもきみに協力《きょうりょく》しないのは、みんなに冷《つめ》たくしてきたきみの（　）だ。

❼まんじゅうをつまみ食いしたが、あごにあんこがついていてばれた。（　）だ。

❽どうしてもお金が足りず、（　）と大事な腕時計《うでどけい》を売った。

ア　けがの功名《こうみょう》

イ　背《せ》に腹《はら》はかえられない

ウ　身から出たさび

エ　絵にかいたもち

オ　良薬《りょうやく》は口に苦《にが》し

カ　目は口ほどに物を言う

キ　鬼《おに》の目にも涙《なみだ》

ク　頭かくしてしりかくさず

答え　❶キ　❷オ　❸エ　❹ア　❺カ　❻ウ　❼ク　❽イ

入試問題にチャレンジ！

▼答えはこのページの下

次の意味にあたることわざを後から選《えら》び、記号で答えなさい。

① 失敗《しっぱい》や不幸《ふこう》が、思いがけずよい結果《けっか》になること。（　　）

② あれもこれも欲《よく》ばって、全部失敗すること。（　　）

③ 物事の前後が調和せず、なめらかでないことのたとえ。（　　）

④ 以前《いぜん》にきたえた腕前《うでまえ》。（　　）

⑤ 手ごたえ、はりあいがないこと。（　　）

〈聖和学院中〉

ア 飛《と》んで火に入る夏の虫。
イ のれんにうでおし。
ウ 習うより慣《な》れろ。
エ 一石二鳥。
オ けがの功名《こうみょう》。
カ あぶはちとらず。
キ 昔とったきねづか。
ク 木に竹をつぐ。
ケ へたの横好《ず》き。
コ 矢もたてもたまらない。

答え　①オ　②カ　③ク　④キ　⑤イ

13 自《し》然《ぜん》に関《かん》係《けい》することわざ

花《はな》よりだんご

木《き》に竹《たけ》をつぐ

他《た》山《ざん》の石《いし》

まかぬ種《たね》は生《は》えぬ

どんぐりの背《せい》比《くら》べ

え〜〜〜
こんなところにお店出すの!?
ああ。このラーメンの激戦区《げきせんく》で、一番になるんだ…!!
自信《じしん》あるの？ ①閑古鳥《かんこどり》が鳴くかもしれないわよ。
大丈夫《だいじょうぶ》！この一か月間じっくり調べてきたからな。
どの店も ②どんぐりの背比《せいくら》べさ。
③枯《か》れ木《き》も山のにぎわいってところだ。
うちよりうまい店はどこにもなかった！

マメ知識▶ ・「閑古鳥が鳴く」：「閑古鳥《かんこどり》」は、かっこうの別名《べつめい》。その鳴き声がさびしげに聞こえることから。

必《かなら》ず勝てる！
さあ、オープンだ!!
日本一の美味しい
ラーメン
祝開店
味一
いらっしゃいませー！
ワイワイ
ワイワイ
ワイワイ
あなた、すごいよっ
お客さんがたくさん並《なら》んでるよ！
④案《あん》ずるより産《う》むが易《やす》いってことだ。

ことわざスピードチェック

① 閑《かん》古《こ》鳥《どり》が鳴《な》く

人が集まらず、ものさびしい様子。特《とく》に、商売のはやらない様子。

② どんぐりの背比《せいくら》べ

どれも似《に》たり寄《よ》ったりで、特にすぐれたものがないこと。

③ 枯《か》れ木《き》も山《やま》のにぎわい

つまらないものでも、ないよりはましだということ。

参考 ふつうは、自分をけんそんしていう言葉。

④* 案《あん》ずるより産《う》むが易《やす》い

物事を行う前にあれこれ心配していても、実際《じっさい》は案外たやすくできるものだということ。

*は、自然《しぜん》に関係《かんけい》することわざではありません。

マメ知識 ・「案ずるより産むが易い」:「案ずるより産むが易し」とも言う。「案ずる」は心配する、「産む」は出産《しゅっさん》する、「易い」は簡単《かんたん》であるということ。

それから一週間……
がらーん
朝からお客が一人も来ない。
となりはお客来てんのか？
ええ。まあ入ってるわ。
⑤隣《となり》の花は赤いって言うけれど…ウラヤマシイわ。
クソーッ この辺《へん》の客は味のわからないやつばっかりだっ!!
短気《たんき》を起こさないで！
⑥石の上にも三年って言うじゃない。がんばろうヨ！
あーもう どうとでも なっちまえっ！
あなたが そんな調子じゃ お店は⑦風前《ふうぜん》の ともしびだわね。

マメ知識

・「石の上にも三年」：石でもその上に三年間すわれば温まる、という意味から。

・「風前のともしび」：風のふくところにあるろうそくの火などは消えやすいことから。

ぐつぐつぐつ…
ちょっと思い上がってたな。
井《い》の中のかわず大海《たいかい》を知らずか…！一から出直しだ!!
ぐつぐつぐつ…
ぐつぐつ
数週間後
おやじさん、このラーメンすごくうまいよ！
日本一の美味しいラーメン
さらに数日が過《す》ぎ…
日本一の美味しいラーメン
日本一の美味しいラーメン
味一
すごいよ！お客さんが外にいっぱい！
ありがたい。がんばったかいがあったな。

ことわざスピードチェック

⑤ **隣《となり》の花《はな》は赤《あか》い**

他人のものは自分のものに比《くら》べると何でもよく見え、うらやましく思えるということ。

⑥ **石《いし》の上《うえ》にも三年《さんねん》**

何事もしんぼう強く行えば必《かなら》ず成功《せいこう》する、というたとえ。

⑦ **風前《ふうぜん》のともしび**

物事が今にもだめになりそうなこと。また、危険《きけん》がせまって命が危《あぶ》ないこと。

⑧ **井《い》の中《なか》のかわず大海《たいかい》を知《し》らず**

ものの見方や考え方がせまいことのたとえ。

マメ知識 ・「井の中のかわず大海を知らず」：井戸《いど》の中にすんでいるかえるは、広い海のあることを知らない、という意味。

入試に出る！ことわざ

自然《しぜん》に関係《かんけい》する

あとは野《の》となれ山《やま》となれ

よく出る

今していることがうまくいけば、あとはどうなってもかまわない。

例文　目立ちたいために、あとは野となれ山となれという気持ちで、大うそをついた。

おぼれる者《もの》はわらをもつかむ

非常《ひじょう》に困《こま》っている者は、どんなにたよりないものでもたよりにする。

例文　算数の宿題が終わらず、おぼれる者はわらをもつかむで、算数が苦手な兄にも手伝《てつだ》ってもらった。

火中《かちゅう》の栗《くり》を拾《ひろ》う

人の利益《りえき》のために、自分から進んで危険《きけん》をおかす。

例文　かれは火中の栗を拾うようなこともいやがらない、信《しん》らいできる人物だ。

木《き》に竹《たけ》をつぐ

つながりのないものを無理《むり》に結《むす》びつけようとしても、つり合いがとれない。

例文　落書きをそんなりっぱな額《がく》に入れるなんて、木に竹をつぐようなものだ。

船頭《せんどう》多《おお》くして船山《ふねやま》にのぼる

指図《さしず》する人が多すぎると、物事がうまくいかない。

例文

三人いるコーチの方針《ほうしん》がそれぞれちがい、チームがまとまらない。船頭多くして船山にのぼるだ。

他山《たざん》の石《いし》

ほかの人のつまらない言動も、心がけしだいで自分の役に立つということ。

例文

兄は人の話をよく聞かないで失敗《しっぱい》することが多いが、他山の石としてわたしは注意しようと思う。

類 人《ひと》のふり見《み》てわがふり直《なお》せ

ちりも積《つ》もれば山《やま》となる

ごくわずかなものでも、数多くたまれば大きなものとなる。

例文

ちりも積もれば山となるで、少しずつかき続《つづ》けていた絵手紙がとうとう百通めに達《たっ》した。

花《はな》よりだんご

外観《がいかん》より実益《じつえき》を重んじることのたとえ。

例文

せっかく旅行に来ているのに、みんな花よりだんごで、観光より特産品《とくさんひん》を食べることに夢中《むちゅう》だ。

まかぬ種《たね》は生《は》えぬ

よく出る

何もしないでいては、良《よ》い結果《けっか》は得《え》られない。

例文

練習もせずにうまくなるなんて無理だ。まかぬ種は生えぬだよ。

ことわざ一問一答

▼答えはそれぞれのページの下

次の文に合うことわざを後のア～カから選《えら》び、記号で答えなさい。

❶ 妹が食べているケーキのほうが自分のよりおいしそうに見えた。……（　　）

❷ どの作文もありきたりな出来ばえで、賞《しょう》をあたえるほどのものがない。……（　　）

❸ 長い修業《しゅぎょう》の末《すえ》、やっとすし職人《しょくにん》として独《ひと》り立《だ》ちできた。……（　　）

❹ 犬小屋なんて自分に作れるだろうかと思ったが、意外と簡単《かんたん》にできた。……（　　）

❺ 議長《ぎちょう》を三人にしてみたら、かえって会議がまとまらなくなった。……（　　）

❻ こつこつとためてきたおこづかいが、かなりの金額《きんがく》になっていた。……（　　）

ア　案《あん》ずるより産《う》むが易《やす》い
イ　どんぐりの背比《せいくら》べ
ウ　ちりも積《つ》もれば山となる
エ　石の上にも三年
オ　隣《となり》の花は赤い
カ　船頭多くして船山にのぼる

答え　❶オ　❷イ　❸エ　❹ア　❺カ　❻ウ

次のことわざの意味を後のア～カから選び、記号で答えなさい。

❶ 枯《か》れ木《き》も山のにぎわい……（　　）

❷ 木に竹をつぐ……（　　）

❸ あとは野となれ山となれ……（　　）

❹ 他山《たざん》の石……（　　）

❺ 井《い》の中のかわず大海《たいかい》を知らず……（　　）

❻ まかぬ種《たね》は生えぬ……（　　）

ア　ほかの人のつまらない言動も、心がけしだいで自分の役に立つということ。

イ　何もしないでいては、良《よ》い結果《けっか》は得《え》られない。

ウ　取るに足らないものであっても、ないよりはいいこと。

エ　今していることがうまくいけば、あとはどうなってもかまわない。

オ　自分だけのせまい考えにとらわれて、広い世界を知らない。

カ　つながりのないものを無理《むり》に結《むす》びつけようとしても、つり合いがとれない。

答え　❶ウ　❷カ　❸エ　❹ア　❺オ　❻イ

入試問題にチャレンジ！

▼答えはこのページの下

1 次の①～③の、ことわざの使われ方が正しいものには「○」を、まちがっているものには「×」を書きなさい。

〈目黒星美学園中〉

① 先生、「枯《か》れ木も山のにぎわい」ですから、どうか、同窓会《どうそうかい》に来てください。……（　）

② あせらないでね。「石の上にも三年」って言うじゃない。……（　）

③ かぜを引いていたところに骨折《こっせつ》した。「泣《な》き面《つら》にはち」だ。……（　）

2 次の①～⑤のことわざに最《もっと》も近い意味の熟語《じゅくご》を、後のア～オの中からそれぞれ選《えら》び、記号で答えなさい。ただし、同じ記号は二度用いてはいけません。

〈東京農業大学第一高等学校中等部〉

① 提灯《ちょうちん》に釣《つ》り鐘《がね》……（　）

② 善《ぜん》は急げ……（　）

③ 長い物には巻《ま》かれよ……（　）

④ どんぐりの背《せい》くらべ……（　）

⑤ 人の振《ふ》り見てわが振り直せ……（　）

ア 服従《ふくじゅう》　イ 大差《たいさ》　ウ 同類《どうるい》　エ 反省《はんせい》　オ 好機《こうき》

答え　**1** ①×　②○　③○　**2** ①イ　②オ　③ア　④ウ　⑤エ

14 その他のことわざ

下《へ》手《た》の横《よこ》好《ず》き

果《か》報《ほう》は寝《ね》て待《ま》て

善《ぜん》は急《いそ》げ

百《ひゃく》聞《ぶん》は一《いっ》見《けん》にしかず

七《なな》転《ころ》び八《や》起《お》き

夏休みも残《のこ》るは一日だけ…。あ〜〜〜もっと早く宿題やっておけばよかった。
後悔先《こうかいさき》に立《た》たずだァ。

おろ
うっわー！
やべーよ、
本当にヤバイ！
ひぇ〜〜〜
明日から学校なのに
何にもしてないっ。
だれか助けてぇ〜〜〜
アッハハハーッ
ヘンな顔！
けらけら
けらけら
うわっ!!
気持ちわり〜
・・・ヘンな虫が
しゃべったぞ。
がっくり…
バカー
キィー
はなせー!!
人間ー!!
失礼《しつれい》ねっ！
わたしは
・・・人を助ける
・・・チョーカワイイ・・・
妖精《ようせい》よ!!
へぇ…よく
ぼくの声が
聞こえたね。

マメ知識 ・「せいては事を仕損ずる」:「せいては」は「急いては」と書く。「急《せ》く」には、「気がせく（あせる）」、「せかす（急がせる）」などの使い方がある。

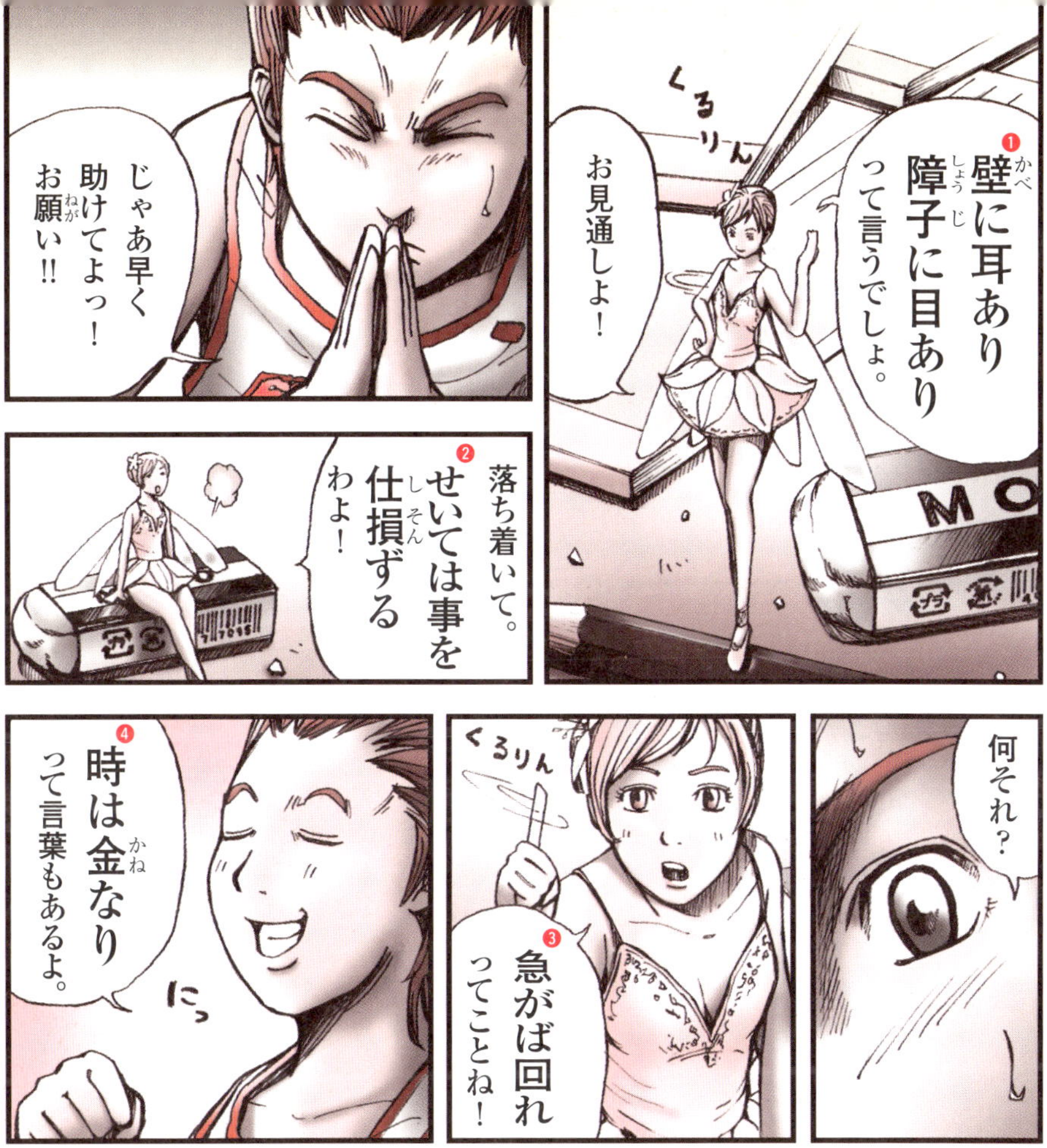

①壁《かべ》に耳あり障子《しょうじ》に目ありって言うでしょ。
くるりん
お見通しよ！
じゃあ早く助けてよっ！お願《ねが》い!!
落ち着いて。
②せいては事を仕損《しそん》ずるわよ！
MO
何それ？
くるりん
③急がば回れってことね！
④時は金《かね》なりって言葉もあるよ。
にっ

ことわざスピードチェック

① 壁《かべ》に耳《みみ》あり障子《しょうじ》に目《め》あり

秘密《ひみつ》はもれやすいということのたとえ。

② せいては事《こと》を仕損《しそん》ずる

あわてて物事をすると、かえって失敗《しっぱい》しやすいということのたとえ。

③ 急《いそ》がば回《まわ》れ

急いで危《あぶ》ない方法《ほうほう》をとるより、時間はかかっても安全な方法をとるほうが、かえって早く物事を成《な》しとげられるというたとえ。

④ 時《とき》は金《かね》なり

時間はお金のように大切なものだから、決してむだに使ってはいけないということ。

マメ知識 ・「急がば回れ」：急ぐときには、危険《きけん》な近道をするより、少々遠回りでも危険のない道を行くほうが、結局《けっきょく》は早く目的地《もくてきち》に着くという意味。

ボソッ
フン！言うじゃない。
ところで何でそんなに困《こま》ってるの？
ONO
夏休みの宿題がさぁ…
見てよこれ…もっと早く手をつければよかった。
アッハッハ〜 ⑤後悔《こうかい》先に立たずってやつだわね〜。
で、何から始める？
けらけら
けらけら
う…他人事《ひとごと》だなァ。
まずは算数でしょ、それに読書感想文と…
ぎゅ〜〜っ
ストーップ!! ⑥二兎《にと》を追う者は一兎《いっと》をも得《え》ずょ。
だってもう今日一日しかないんだもん〜!!
うぎゃ〜〜

マメ知識▶ ・「二兎を追う者は一兎をも得ず」:「兎」は「うさぎ」のこと。似《に》た意味のことわざに「あぶはち取らず」がある。

7 千里《せんり》の道も一歩からよ!
とにかく一つ片付《かたづ》けましょ。
え~~~ 魔法《まほう》で一気に片付けてよ~。イジワル~~~。
ブ~っ
あま~い! わたしの魔法は一回限《かぎ》りよ。
ビビデ
宿題よ~、仕上がれ~~~!!
バビデ
ブーッ
どがーん。
ぎょえーっ! ほぼ完成《かんせい》してた工作の宿題がーっ!
8 弱り目にたたり目~。
ごめーん

ことわざスピードチェック

5 後悔先《こうかいさき》に立《た》たず

すんでしまったことを、あとでいくら残念《ざんねん》がってもどうしようもないということ。

6 二兎《にと》を追《お》う者《もの》は一兎《いっと》をも得《え》ず

二つのことを一度にしようとすると、どちらも成功《せいこう》しないというたとえ。

7 千里《せんり》の道《みち》も一歩《いっぽ》から

どんなに大きな事業でも、まずはごく手近なところから始まるということ。

8 弱《よわ》り目《め》にたたり目《め》

困《こま》っているときに、さらに困ったことが起こること。

マメ知識
・「千里の道も一歩から」: 千里は、約《やく》4000キロメートル。
・「弱り目にたたり目」と「泣《な》きっ面《つら》にはち」は、似た意味のことわざ。

入試に出る！ その他のことわざ

医《い》者《しゃ》の不《ふ》養生《ようじょう》

他人にはりっぱなことを言う専門家《せんもんか》が、自分では実行しないこと。

例文 スポーツの評論家《ひょうろんか》であるおじは運動は大切だと言うが、自分はほとんど運動をせず医者の不養生だ。

類 紺屋《こうや》の白《しろ》ばかま

果《か》報《ほう》は寝《ね》て待《ま》て

幸運は人の力ではどうにもならないので、あせらずにその時期を待つのがよい。

例文 試験《しけん》では力をつくした。あとは結果《けっか》が出るまで果報は寝て待てと、のんびりしよう。

類 待《ま》てば海路《かいろ》の日和《ひより》あり

好《す》きこそものの上手《じょうず》なれ

よく出る

好きなことには熱心《ねっしん》になれるので、自然《しぜん》と上達《じょうたつ》するものだ。

例文 あの歌手は歌がうまいが、歌うことが何より好きらしい。やはり好きこそものの上手なれだね。

善《ぜん》は急《いそ》げ

良《よ》いことをするにはためらわず、できるだけ早く実行せよ。

例文 良いアイデアがうかんだら、善は急げだ。さっそくみんなに話して行動に移《うつ》そう。

たなからぼたもち

よく出る

何の苦労《くろう》もなく、幸運が転がりこんでくること。

例文 たまたま入ったレストランが開店十周年《じっしゅうねん》の記念日《きねんび》で、帰りにケーキをくれ、たなからぼたもちだった。

七転《ななころ》び八起《やお》き

何回失敗《しっぱい》してもくじけず、立ち上がってがんばること。

例文

弁護士《べんごし》になるための試験はとても難《むずか》しかったが、七転び八起きで挑戦《ちょうせん》し続《つづ》け、ついに合格《ごうかく》した。

早起《はやお》きは三文《さんもん》の徳《とく》

早起きをすると何かしら良いことがあるということ。「早起きは三文の得《とく》」とも書く。

例文

いつもより早く起きて散歩《さんぽ》に出かけたら、あこがれの人に会った。早起きは三文の徳とはこのことだ。

百聞《ひゃくぶん》は一見《いっけん》にしかず

よく出る

何回も人の話を聞くより、一度でも自分で実際《じっさい》に見たほうが確《たし》かである。

例文

動物園で生まれた子ぐまがかわいいと評判《ひょうばん》だ。百聞は一見にしかずと、家族で見に行くことにした。

下手《へた》の横好《よこず》き

よく出る

下手なくせに、むやみに好きで熱心なこと。

例文

妹はよくおかしを作るが、下手の横好きで、味のほうはあまりおいしくない。

昔《むかし》とったきねづか

若《わか》いころにきたえてしっかり身につけたわざのたとえ。

例文

若いころ電器店《でんきてん》で働《はたら》いていた祖父《そふ》は、昔とったきねづかで、今でも電化製品《せいひん》の修理《しゅうり》が得意《とくい》だ。

ことわざ一問一答

▼答えはそれぞれのページの下

次のことわざの□にあてはまる漢数字を書き入れなさい。また、そのことわざの意味を後のア～オから選《えら》んで、（　）に記号で答えなさい。

❶ □聞は一見にしかず……（　）（　）

❷ □里の道も一歩から……（　）（　）

❸ 早起きは□文の徳《とく》……（　）（　）

❹ □兎《と》を追う者は一兎《いっと》をも得《え》ず……（　）（　）

❺ 七転び□起き……（　）（　）

ア　何事もまずはごく手近なところから始まるということ。

イ　何回失敗《しっぱい》してもくじけず、立ち上がってがんばること。

ウ　早起きをすると何かしら良《よ》いことがあるということ。

エ　二つのことを同時にしようとしても、どちらもうまくいかない。

オ　何回も人の話を聞くより、一度でも自分で見たほうが確《たし》かである。

答え　❶百・オ　❷千・ア　❸三・ウ　❹二・エ　❺八・イ

次のことわざについて、左に書かれた意味が正しいものには○を、まちがっているものには×を（　）にかきなさい。

❶ せいては事を仕損《しそん》ずる……（　）

物事は、あまり急ぐと失敗するものだ。

❷ 弱り目にたたり目……（　）

つかれて体が弱っているときは、無理《むり》をしてはいけない。

❸ 医者の不養生《ふようじょう》……（　）

他人にはりっぱなことを言う専門家《せんもんか》が、自分では実行しないこと。

❹ 下手《へた》の横好《よこず》き……（　）

あることが下手だと、やはりそれをあまり好《す》きになれないものである。

❺ たなからぼたもち……（　）

何の苦労《くろう》もなく、幸運が転がりこんでくること。

❻ 果報《かほう》は寝《ね》て待て……（　）

幸運は人の力ではどうにもならないので、あせらずにその時期を待つのがよい。

答え　❶○　❷×　❸○　❹×　❺○　❻○

入試問題にチャレンジ！

▼答えはこのページの下

次の①～⑤のことわざと反対の意味を持つことわざを後から選《えら》び記号で答えなさい。

〈文華女子中〉

① 立つ鳥あとをにごさず……（　　）

② 急がば回れ……（　　）

③ わたる世間に鬼《おに》はない……（　　）

④ あぶはちとらず……（　　）

⑤ 好《す》きこそものの上手なれ……（　　）

ア　千里の道も一歩から

イ　一石二鳥

ウ　あとは野となれ山となれ

エ　善《ぜん》は急げ

オ　下手の横好き

カ　人を見たら泥棒《どろぼう》と思え

答え　①ウ　②エ　③カ　④イ　⑤オ

15 その他のことわざ

知《し》らぬが仏《ほとけ》

念《ねん》には念《ねん》を入《い》れよ

ぬかにくぎ

人《ひと》のうわさも七《しち》十《じゅう》五《ご》日《にち》

灯《とう》台《だい》もと暗《くら》し

ドミノを
並《なら》べ始めるよ！
一筋縄《ひとすじなわ》では行《い》かない
から、しっかり
気合い入れて!!

苦労《くろう》して並《なら》べたドミノもあと一息で完成《かんせい》するよ。
これからは特《とく》に❶念《ねん》には念を入れよだね。
よしっ
じゃあオレが前祝《まえいわ》いとしておどっちゃいま～す！
ちょっとよしなさいよっ
何だそれー
つるっ
!!
おっとっ…
え、えっ
!!
ギャーッ
ドミノがたおれたーっ
……!!
み…みんなの視線《しせん》が痛《いた》い！ここはどこ？わたしはだれ!?
お～ま～え～な～っ

マメ知識

・「念には念を入れよ」:「念」は、細かいところにも気を配って注意すること。

・「骨折り損のくたびれもうけ」: 骨を折った分だけ損《そん》をして、あとにはつかれだけが残《のこ》る、という意味。

せっかくの苦心が台無《だいな》しだよなーっ
②骨折《ほねお》り損《ぞん》のくたびれもうけよ。
みんな、ゴメン!! 行かないでくれーっ!
少し反省《はんせい》してなさいっ!
バタン
③悪事《あくじ》千里《せんり》を走るだ…。
うわさが広まる…。
がく～
……。
④人の口には戸が立てられないからね。
しかたがないよ。
だから言ったでしょ
ううう…

ことわざスピードチェック

① **念《ねん》には念《ねん》を入《い》れよ**

注意した上にもさらに注意しなさい、十分に気をつけなさい、ということ。

② **骨折《ほねお》り損《ぞん》のくたびれもうけ**

苦労するばかりで、少しもよいことがないたとえ。

③ **悪事《あくじ》千里《せんり》を走《はし》る**

悪い行いや悪いうわさは、すぐに広まる。悪事千里《あくじせんり》。悪事千里を行く。

④ **人《ひと》の口《くち》には戸《と》が立《た》てられない**

世間のうわさは止めることができない。

マメ知識 ・「人の口には戸が立てられない」:「人の口に(は)戸は立てられず」、「人の口に(は)戸は立てられぬ」とも言う。

元気出しなよ。
[5]人のうわさも七十五日《しちじゅうごにち》。
みんなすぐに忘《わす》れるから。
落ちこんでる場合!? ドミノ並《なら》べ直すよ!!
そっか…そうだよな。
みんなで作ったものを元どおりにしないと…!!
よーし、がんばるぞ!
それにしても二人だけで並べ直すのは大変《たいへん》だなァ…。
二人だけじゃいつまでたっても終わんないぞ!
あーっ!!
みんな……!!
おまえはただでさえ落ち着きがないんだから、
[6]石橋をたたいて渡《わた》るくらいに注意してやらなきゃな。
さっきは言いすぎたわ～。
みんなでやろうぜ。

マメ知識▶ ・「石橋をたたいて渡る」：じょうぶな石の橋でも、こわれはしないかとたたいてみて、確《たし》かめてからわたるということから。

7 一筋縄《ひとすじなわ》では行かないぞ！
もう一度みんなで力を合わせてがんばるんだ！
おー!!
せっせ
せっせ
よーし、これが最後《さいご》の一個《いっこ》だ！
やったー、完成《かんせい》だー!!
よかった、8 雨《あめ》降《ふ》って地《じ》固《かた》まるだねっ！
そうだね、一安心だよ…
コロッ
あ
ギャーーッまたたおれたー!!!
もうイヤッ

ことわざスピードチェック

5 人《ひと》のうわさも七十五《しちじゅうご》日《にち》

世の中のうわさはいつの間にか消えていくものである、というたとえ。

6 石橋《いしばし》をたたいて渡《わた》る

非常《ひじょう》に用心深いことのたとえ。石橋をたたく。

7 一筋縄《ひとすじなわ》では行《い》かない

ふつうのやり方では、思いどおりにあつかえないということ。

8 雨《あめ》降《ふ》って地固《じかた》まる

雨が降ったあとは地面がしまって固くなるように、悪いことがあったあとは、かえって事態《じたい》がよくなるというたとえ。

マメ知識 ・「一筋縄では行かない」：一本の縄《なわ》ではおさえることができず、何本もの縄を必要《ひつよう》とする、ということから。

入試に出る！

その他のことわざ

帯《おび》に短《みじか》したすきに長《なが》し

中途《ちゅうと》はんぱで、どちらの役にも立たない。

例文　このノートは、勉強で使うには小さいし、メモ帳にするには大きい。帯に短したすきに長しだ。

勝《か》ってかぶとの緒《お》をしめよ

物事がうまくいっても、決して気をゆるめてはいけないという教え。

例文　初戦《しょせん》は見事に勝利《しょうり》したが、勝ってかぶとの緒をしめよと、次の試合《しあい》へ向け気を引きしめた。

弘法《こうぼう》にも筆《ふで》のあやまり

よく出る

名人と言われる人でも、ときには失敗《しっぱい》することがある。

例文　ベテラン歌手がコンサートで音を外したらしい。弘法にも筆のあやまりだ。

類　さるも木《き》から落《お》ちる・上手《じょうず》の手《て》から水《みず》がもれる

紺屋《こうや》の白《しろ》ばかま

他人のことにいそがしくて、自分のことがおろそかになること。

例文　高級レストランで働《はたら》く料理人《りょうりにん》なのに、自分の食事はインスタント食品が多いとは、紺屋の白ばかまだ。

転《ころ》ばぬ先《さき》のつえ

よく出る

失敗しないように、前もって十分に準備《じゅんび》しておくこと。

例文　天気予報《よほう》では晴れときどきくもりと言っているが、転ばぬ先のつえで、かさを持って出かけた。

知《し》らぬが仏《ほとけ》

よく出る

いやなことでも、知れば心が乱《みだ》れるが、知らなければ平気でいられる。

例文 こっそり借《か》りた姉の服を少しよごしてしまったが、知らぬが仏だと思い、だまっておいた。

灯台《とうだい》もと暗《くら》し

よく出る

自分の身近にあることは、かえって気がつきにくいことのたとえ。

例文 山でさがしても見つからなかったチョウが、近所の公園で飛《と》んでいた。灯台もと暗しとはこのことだ。

情《なさ》けは人《ひと》のためならず

よく出る

人への親切は、めぐりめぐって結局《けっきょく》は自分に返ってくる。

例文 情けは人のためならずと言うが、無職《むしょく》だった兄は、おぼれた子を助けてその父親の会社にやとわれた。

ぬかにくぎ

よく出る

効《き》きめがないこと。手ごたえがないこと。

例文 夜ふかしは良《よ》くないと何度言ってもぬかにくぎで、弟はちっとも生活態度《たいど》を改《あらた》めない。

類 のれんに腕押《うでお》し・豆腐《とうふ》にかすがい

渡《わた》りに舟《ふね》

何かをしようとしたときや困《こま》っているときなどに、ちょうど都合の良いことが起こること。

例文 家に財布《さいふ》を忘《わす》れて困っていたところ、買い物をしていた妹に会い、渡りに舟とお金を借《か》りた。

ことわざ一問一答

▼答えはそれぞれのページの下

次の各《かく》組の二つのことわざの意味が、似《に》ているものには○を、そうでないものには×を（　）にかきなさい。

❶ ぬかにくぎ・のれんに腕押《うでお》し……（　）
❷ 石橋をたたいて渡《わた》る・石の上にも三年……（　）
❸ 雨降《ふ》って地固《じかた》まる・ちりも積《つ》もれば山となる……（　）
❹ 弘法《こうぼう》にも筆のあやまり・さるも木から落ちる……（　）
❺ 紺屋《こうや》の白ばかま・医者の不養生《ふようじょう》……（　）

次のことわざの□に入る言葉をア～エから選《えら》び、記号で答えなさい。

❶ □千里《せんり》を走る
❷ 知らぬが□
❸ 人の□も七十五日《しちじゅうごにち》

ア 情《なさ》け　イ 悪事
ウ うわさ　エ 仏《ほとけ》

答え ❶○ ❷× ❸× ❹○ ❺○　❶イ ❷エ ❸ウ

次の文の——のことわざの使い方が正しいものには○を、まちがっているものには×を（　）にかきなさい。

❶ 中村さんは、何事にも石橋をたたいて渡るような大ざっぱな人だ。（　）

❷ このソファはベッドとしても使えて、帯《おび》に短したすきに長しだ。（　）

❸ 読みたい本を書店でさがしていたが、灯台《とうだい》もと暗しで姉が持っていた。（　）

❹ いくら言ってもぬかにくぎで、弟は間食をやめない。（　）

❺ 人の口には戸が立てられないと言うから、この件《けん》はすぐに知れわたるだろう。（　）

❻ 情《なさ》けは人のためならずと言って、助けてばかりではその人にとって良《よ》くないから、たまには協力《きょうりょく》しないほうがいい。（　）

❼ 会議《かいぎ》は大いにもめたが、最終的《さいしゅうてき》にみんなが納得《なっとく》できるよい企画案《きかくあん》が出来上がった。雨降って地固まるだ。（　）

❽ 行ったことのないところへ行くので、転ばぬ先のつえと、事前に地図でしっかり道を確認《かくにん》しておく。（　）

❾ 来客をもてなすものがなくて困《こま》っていたら、おとなりからおかしをいただき、まさに渡りに舟《ふね》だった。（　）

答え ❶× ❷× ❸○ ❹○ ❺○ ❻× ❼○ ❽○ ❾○

入試問題にチャレンジ！

▼答えはそれぞれのページの下

1　次の意味をもつことわざを後のア～エから選《えら》び、それぞれ記号で答えなさい。

〈千代田女学園中〉

① 自分の思っていることがかなえられる、ちょうどつごうのよいことに出会うこと。……（　　）

② 身近なことは、かえってわかりにくいということ。……（　　）

③ 失敗《しっぱい》しないように前もって用心すること。……（　　）

④ 名人でも、時には失敗すること。……（　　）

ア　さるも木から落ちる　　イ　渡《わた》りに舟《ふね》　　ウ　灯台《とうだい》もと暗し　　エ　転ばぬ先のつえ

2　次の二つのことわざが同じ意味になるように、□に適当《てきとう》な語を入れなさい。

〈國學院大學久我山中〉

念《ねん》には念を入れる。＝□をたたいて渡《わた》る。

答え　**1**　①イ　②ウ　③エ　④ア　**2**　石橋

3 次の①～⑤のことわざの意味を、あとのア～オの中からそれぞれ選び、記号で答えなさい。

〈昭和女子大学附属昭和中〉

① 宝《たから》のもちぐされ……（　　）

② 郷《ごう》に入《い》っては郷に従《したが》え……（　　）

③ 情《なさ》けは人のためならず……（　　）

④ ねこに小判《こばん》……（　　）

⑤ 石の上にも三年……（　　）

ア　何の役にもたたないこと。

イ　利用《りよう》する値打《ねう》ちがあるものを持っているのに使わないこと。

ウ　しんぼうすれば、必《かなら》ず成功《せいこう》すること。

エ　その土地に行ったら、その土地の習慣《しゅうかん》にしたがうこと。

オ　やがて自分によいむくいがあること。

答え　**3**　①イ　②エ　③オ　④ア　⑤ウ

さくいん

●理解《りかい》できた慣用句《かんようく》やことわざは、□の中に✓(チェックマーク)を入れましょう。

あ行

□ 相《あい》づちを打《う》つ……80
□ 青菜《あおな》に塩《しお》……87
□ 悪事千里《あくじせんり》を走《はし》る……147
□ あげ足《あし》を取《と》る……41
□ あごで使《つか》う……90
□ あごを出《だ》す……89
□ 足《あし》が出《で》る……41
□ 足《あし》が棒《ぼう》になる……41
□ 足《あし》を洗《あら》う……41
□ 味《あじ》をしめる……80
□ 頭《あたま》かくしてしりかくさず……120
□ 頭《あたま》が下《さ》がる……9
□ 後味《あとあじ》が悪《わる》い……80
□ 後《あと》の祭《まつ》り……99
□ あとは野《の》となれ山《やま》となれ……130
□ あばたもえくぼ……120
□ あぶはち取《と》らず……110
□ 油《あぶら》を売《う》る……17
□ 油《あぶら》をしぼる……90
□ 雨降《あめふ》って地固《じかた》まる……149
□ 泡《あわ》を食《く》う……89
□ 案《あん》ずるより産《う》むが易《やす》い……127
□ 石《いし》の上《うえ》にも三年《さんねん》……129
□ 石橋《いしばし》をたたいて渡《わた》る……149
□ 医者《いしゃ》の不養生《ぶようじょう》……140
□ 急《いそ》がば回《まわ》れ……137
□ 板《いた》につく……70
□ 一目置《いちもくお》く……37
□ 一寸《いっすん》の虫《むし》にも五分《ごぶ》の魂《たましい》……107
□ 一《いっ》ぱい食《く》わす……90
□ 糸《いと》を引《ひ》く……100
□ 犬《いぬ》の遠《とお》ぼえ……50
□ 犬《いぬ》も歩《ある》けば棒《ぼう》に当《あ》たる……110
□ 井《い》の中《なか》のかわず大海《たいかい》を知《し》らず……129
□ 色《いろ》を失《うしな》う……89
□ 後《うし》ろ髪《がみ》を引《ひ》かれる……90
□ うつつをぬかす……100
□ 腕《うで》が鳴《な》る……27
□ 腕《うで》によりをかける……31
□ 腕《うで》を上《あ》げる……29
□ 腕《うで》をふるう……31
□ 腕《うで》をみがく……31
□ 鵜呑《うの》みにする……50
□ うの目《め》たかの目《め》……110
□ 馬《うま》が合《あ》う……77
□ 馬《うま》の耳《みみ》に念仏《ねんぶつ》……107
□ うり二《ふた》つ……50
□ 絵《え》にかいたもち……117
□ えびでたいを釣《つ》る……110
□ えりを正《ただ》す……70
□ 大《おお》ぶろしきを広《ひろ》げる……70
□ おくびにも出《だ》さない……100
□ お茶《ちゃ》をにごす……61
□ 鬼《おに》の目《め》にも涙《なみだ》……120
□ お鉢《はち》が回《まわ》る……90
□ 帯《おび》に短《みじか》したすきに長《なが》し……150
□ 尾《お》ひれを付《つ》ける……50
□ おぼれる者《もの》はわらをもつかむ……130
□ 折《お》り紙付《がみつ》き……69

か行

□ 顔《かお》が売《う》れる……31
□ 顔《かお》が利《き》く……31
□ 顔《かお》が広《ひろ》い……37
□ 顔《かお》から火《ひ》が出《で》る……31
□ 顔《かお》に泥《どろ》をぬる……29
□ 顔《かお》を立《た》てる……31
□ かさに着《き》る……80
□ かたずをのむ……90
□ 肩《かた》で風《かぜ》を切《き》る……19
□ 肩《かた》の荷《に》がおりる……21
□ 肩《かた》を落《お》とす……99

□ 肩《かた》をもつ …… 21
□ 火中《かちゅう》の栗《くり》を拾《ひろ》う …… 130
□ 勝《か》ってかぶとの緒《お》をしめよ …… 150
□ 角《かど》が立《た》つ …… 79
□ 金《かね》に糸目《いとめ》をつけない …… 97
□ かぶとを脱《ぬ》ぐ …… 67
□ 壁《かべ》に耳《みみ》あり障子《しょうじ》に目《め》あり …… 137
□ 果報《かほう》は寝《ね》て待《ま》て …… 140
□ かまをかける …… 100
□ かめの甲《こう》より年《とし》の功《こう》 …… 110
□ 枯《か》れ木《き》も山《やま》のにぎわい …… 127
□ 閑古鳥《かんこどり》が鳴《な》く …… 127
□ 気《き》が置《お》けない …… 61
□ 気《き》が気《き》でない …… 61
□ 気《き》が引《ひ》ける …… 57
□ 気心《きごころ》が知《し》れる …… 61
□ きじも鳴《な》かずばうたれまい …… 109
□ 木《き》で鼻《はな》をくくる …… 21
□ 木《き》に竹《たけ》をつぐ …… 130
□ 気《き》に病《や》む …… 61
□ 木《き》によりて魚《うお》を求《もと》む …… 111
□ 肝《きも》がすわる …… 81
□ 肝《きも》をつぶす …… 80
□ 気《き》を回《まわ》す …… 61
□ 気《き》をもむ …… 59
□ くぎ付《づ》け …… 97
□ くぎをさす …… 67
□ 口《くち》がかたい …… 20
□ 口《くち》が軽《かる》い …… 77
□ 口《くち》がすべる …… 19
□ 口《くち》が減《へ》らない …… 20
□ 口車《くちぐるま》に乗《の》る …… 19
□ 口《くち》はわざわいのもと …… 121
□ 口《くち》をそろえる …… 20
□ 口《くち》を割《わ》る …… 20
□ 首《くび》が回《まわ》らない …… 11
□ 首《くび》をかしげる …… 7
□ 首《くび》をつっこむ …… 7
□ 首《くび》を長《なが》くする …… 39
□ 雲《くも》をつかむよう …… 91
□ 群《ぐん》をぬく …… 81
□ けがの功名《こうみょう》 …… 120
□ げたを預《あず》ける …… 70
□ けむに巻《ま》く …… 81
□ けりがつく …… 81
□ 犬猿《けんえん》の仲《なか》 …… 50
□ 後悔先《こうかいさき》に立《た》たず …… 139
□ 弘法《こうぼう》にも筆《ふで》のあやまり …… 150
□ 紺屋《こうや》の白《しろ》ばかま …… 150
□ 心《こころ》がさわぐ …… 100
□ 心《こころ》をうばわれる …… 97
□ 言葉《ことば》をにごす …… 59
□ ごまをする …… 70
□ 転《ころ》ばぬ先《さき》のつえ …… 150

さ行

□ さじを投《な》げる …… 67
□ さるも木《き》から落《お》ちる …… 109
□ 地獄《じごく》で仏《ほとけ》 …… 119
□ 舌《した》が回《まわ》る …… 39
□ 舌《した》つづみを打《う》つ …… 40
□ 舌《した》を巻《ま》く …… 40
□ しっぽをつかむ …… 47
□ しのぎをけずる …… 81
□ 上手《じょうず》の手《て》から水《みず》がもれる …… 121
□ 食指《しょくし》が動《うご》く …… 100
□ 知《し》らぬが仏《ほとけ》 …… 151
□ 白羽《しらは》の矢《や》が立《た》つ …… 71
□ 尻馬《しりうま》に乗《の》る …… 79
□ 好《す》きこそものの上手《じょうず》なれ …… 140
□ すずめの涙《なみだ》 …… 50
□ すずめ百《ひゃく》まで踊《おど》り忘《わす》れず …… 111
□ 図《ず》に当《あ》たる …… 81
□ 図《ず》に乗《の》る …… 79
□ せいては事《こと》を仕損《しそん》ずる …… 137
□ せきを切《き》る …… 101
□ 背《せ》に腹《はら》はかえられない …… 121
□ 船頭多《せんどうおお》くして船山《ふねやま》にのぼる …… 131
□ 善《ぜん》は急《いそ》げ …… 140
□ 千里《せんり》の道《みち》も一歩《いっぽ》から …… 139

た行

□ 高《たか》をくくる …… 81
□ 竹《たけ》を割《わ》ったよう …… 77
□ 他山《たざん》の石《いし》 …… 131
□ 立《た》つ鳥跡《とりあと》をにごさず …… 111
□ 立《た》て板《いた》に水《みず》 …… 60
□ たなからぼたもち …… 140
□ たなに上《あ》げる …… 71
□ ちりも積《つ》もれば山《やま》となる …… 131
□ 月《つき》とすっぽん …… 107
□ つるの一声《ひとこえ》 …… 51
□ 手《て》が付《つ》けられない …… 7
□ 手《て》が届《とど》く …… 17
□ 手《て》に汗《あせ》をにぎる …… 29
□ 手《て》に余《あま》る …… 7
□ 手《て》に負《お》えない …… 10
□ 手《て》を打《う》つ …… 10
□ 手《て》を貸《か》す …… 9
□ 手《て》をこまねく …… 10
□ 手《て》を付《つ》ける …… 10
□ 手《て》をにぎる …… 10
□ 手《て》を引《ひ》く …… 10
□ 手《て》を広《ひろ》げる …… 11
□ 手《て》を焼《や》く …… 7
□ 頭角《とうかく》を現《あらわ》す …… 91
□ 灯台《とうだい》もと暗《くら》し …… 151
□ 時《とき》は金《かね》なり …… 137
□ 隣《となり》の花《はな》は赤《あか》い …… 129
□ 途方《とほう》に暮《く》れる …… 89
□ 捕《と》らぬたぬきの皮算用《かわざんよう》 …… 107
□ とらの威《い》を借《か》るきつね …… 111
□ 取《と》りつく島《しま》もない …… 101
□ どんぐりの背比《せいくら》べ …… 127

な行

□ 泣《な》きっ面《つら》にはち …… 109
□ 情《なさ》けは人《ひと》のためならず …… 151
□ 七転《ななころ》び八起《やお》き …… 141
□ なみだをのむ …… 87
□ 苦虫《にがむし》をかみつぶしたよう …… 49
□ 二兎《にと》を追《お》う者《もの》は一兎《いっと》をも得《え》ず …… 139
□ 二《に》の足《あし》をふむ …… 41
□ 二《に》の舞《まい》をふむ …… 101
□ ぬかにくぎ …… 151
□ ぬれ手《て》で粟《あわ》 …… 117
□ ねこに小判《こばん》 …… 111
□ ねこの額《ひたい》 …… 51
□ ねこをかぶる …… 47
□ 根《ね》に持《も》つ …… 51
□ 根《ね》掘《ほ》り葉《は》掘《ほ》り …… 49
□ 寝耳《ねみみ》に水《みず》 …… 77
□ 根《ね》も葉《は》もない …… 47
□ 音《ね》を上《あ》げる …… 101
□ 念《ねん》には念《ねん》を入《い》れよ …… 147
□ 能《のう》あるたかはつめをかくす …… 109
□ のどから手《て》が出《で》る …… 11
□ のど元《もと》過《す》ぎれば熱《あつ》さを忘《わす》れる …… 119
□ のれんに腕押《うでお》し …… 117

は行

□ 歯《は》が立《た》たない …… 39
□ 白紙《はくし》にもどす …… 71
□ 鼻《はな》が高《たか》い …… 19
□ 鼻《はな》であしらう …… 27
□ 鼻《はな》にかける …… 20
□ 鼻《はな》につく …… 20
□ 花《はな》よりだんご …… 131
□ 鼻《はな》を明《あ》かす …… 37
□ 鼻《はな》を折《お》る …… 21
□ 花《はな》を持《も》たせる …… 49
□ 歯《は》に衣《きぬ》着《き》せぬ …… 79
□ 羽《はね》をのばす …… 49
□ 早起《はやお》きは三文《さんもん》の徳《とく》 …… 141
□ 腹《はら》が黒《くろ》い …… 21
□ 腹《はら》の虫《むし》がおさまらない …… 21
□ 腹《はら》を決《き》める …… 21
□ 腹《はら》をすえる …… 27
□ 腹《はら》を割《わ》る …… 21
□ 針《はり》のむしろ …… 71
□ 一筋縄《ひとすじなわ》では行《い》かない …… 149
□ 人《ひと》のうわさも七十五日《しちじゅうごにち》 …… 149
□ 人《ひと》の口《くち》には戸《と》が立《た》てられない …… 147

□ 一《ひと》はだぬぐ …… 101
□ 人《ひと》目《め》をしのぶ …… 27
□ 火《ひ》に油《あぶら》を注《そそ》ぐ …… 91
□ 非《ひ》の打《う》ち所《どころ》がない …… 67
□ 火《ひ》の消《き》えたよう …… 91
□ 日《ひ》の目《め》を見《み》る …… 37
□ 百聞《ひゃくぶん》は一見《いっけん》にしかず …… 141
□ 風前《ふうぜん》のともしび …… 129
□ ふに落《お》ちない …… 87
□ 下手《へた》の横《よこ》好《ず》き …… 141
□ 棒《ぼう》にふる …… 87
□ 仏《ほとけ》の顔《かお》も三度《さんど》 …… 121
□ 骨《ほね》折《お》り損《ぞん》のくたびれもうけ …… 147
□ 骨《ほね》を折《お》る …… 41

ま行

□ 魔《ま》がさす …… 91
□ まかぬ種《たね》は生《は》えぬ …… 131
□ まくらを高《たか》くする …… 91
□ 的《まと》を射《い》る …… 91
□ 身《み》から出《で》たさび …… 119
□ 水《みず》入《い》らず …… 59
□ 水《みず》くさい …… 60
□ 水《みず》と油《あぶら》 …… 60
□ 水《みず》に流《なが》す …… 59
□ 水《みず》の泡《あわ》 …… 57
□ 水《みず》を打《う》ったよう …… 60
□ 水《みず》を得《え》た魚《うお》のよう …… 51
□ 水《みず》を差《さ》す …… 57
□ みそをつける …… 71
□ 耳《みみ》が痛《いた》い …… 9
□ 耳《みみ》が早《はや》い …… 9
□ 耳《みみ》にたこができる …… 17
□ 耳《みみ》にはさむ …… 9
□ 耳《みみ》を疑《うたが》う …… 11
□ 耳《みみ》を貸《か》す …… 11
□ 耳《みみ》をすます …… 11
□ 耳《みみ》をそろえる …… 11
□ 身《み》を粉《こ》にする …… 69
□ 昔《むかし》とったきねづか …… 141
□ 虫《むし》がいい …… 51
□ 虫《むし》が知《し》らせる …… 51
□ 虫《むし》が好《す》かない …… 47
□ 胸《むね》がすく …… 40
□ 胸《むね》を打《う》つ …… 40
□ 胸《むね》を借《か》りる …… 40
□ 胸《むね》をなで下《お》ろす …… 99
□ 胸《むね》をはずませる …… 41
□ 目《め》が利《き》く …… 30
□ 目《め》が肥《こ》える …… 30
□ 目《め》が高《たか》い …… 30
□ 目《め》がない …… 30
□ 目《め》が回《まわ》る …… 17
□ 目《め》から鼻《はな》へぬける …… 30
□ 目《め》と鼻《はな》の先《さき》 …… 30
□ 目《め》に余《あま》る …… 30
□ 目《め》に物《もの》見《み》せる …… 29
□ 目《め》は口《くち》ほどに物《もの》を言《い》う …… 121
□ 目《め》もくれない …… 29
□ 目《め》をかける …… 31
□ 目《め》を引《ひ》く …… 97
□ 目《め》を丸《まる》くする …… 39

や行

□ 焼《や》け石《いし》に水《みず》 …… 57
□ やぶをつついてへびを出《だ》す …… 111
□ 指《ゆび》をくわえる …… 99
□ 湯《ゆ》水《みず》のように使《つか》う …… 60
□ 横車《よこぐるま》をおす …… 71
□ 横《よこ》やりを入《い》れる …… 69
□ 弱《よわ》り目《め》にたたり目《め》 …… 139

ら行

□ らちが明《あ》かない …… 69
□ 良薬《りょうやく》は口《くち》に苦《にが》し …… 117

わ行

□ 渡《わた》りに舟《ふね》 …… 151
□ わらにもすがる …… 51
□ 我《われ》を忘《わす》れる …… 101
□ 輪《わ》をかける …… 71

[協力者]

●まんが＝Pan house（まつもと よしひろ・風林 英治・かめい けんじ・黒田 瑞木）
●イラスト＝尾崎 ふみえ
●表紙デザイン＝ナカムラグラフ＋ノモグラム
●本文デザイン＝(株)テイク・オフ
●ＤＴＰ＝(株)明昌堂
●編集協力＝田中 裕子・宮崎 史子・平山 とし子・(株)奎文館・(有)大悠社

▼この本は下記のように環境に配慮して制作されました。
※製版フィルムを使用しないでCTP方式で印刷しました。
※環境に配慮して作られた紙を使用しています。

中学入試 まんが攻略BON！ 慣用句・ことわざ　新装版

★③